영화 장르의 이해

아모르문디 영화 총서 7

영화 장르의 이해

개정판 1쇄 펴낸 날 2024년 11월 10일
초　판 1쇄 펴낸 날 2017년　3월　5일

지은이 | 정영권
펴낸이 | 김삼수
편　집 | 신중식
디자인 | 최인경

펴낸곳 | 아모르문디
등　록 | 제313-2005-00087호
주　소 | 서울시 마포구 월드컵북로5길 56 401호
전　화 | 070-4114-2665 팩 스 | 0505-303-3334
이메일 | amormundi1@daum.net

ISBN 979-11-91040-45-6 (03680)
ISBN 978-89-92448-37-6 (세트)

아모르문디 영화 총서·7
Amormundi Film Books

영화 장르의 이해

정영권 지음

아모르문디

'아모르문디 영화 총서'를 시작하며

영화가 탄생한 것은 1895년의 일입니다. 서구에서 영화에 대한 이론적 담론은 그로부터 한참 뒤인 1960년대에야 본격화되었습니다. 한국에서는 1980년대 후반의 일이었습니다. 대학원에 영화학과가 속속 생겨나면서 영화는 비로소 학문의 영역으로 들어왔고 연구자들에 의해 외국 서적들이 번역·소개되기 시작했습니다. 1990년대 중반까지만 해도 외국어로 된 책을 가지고 동아리 모임이나 대학원에서 함께 공부하고 토론했던 기억이 새롭습니다. 매일 선배나 동료들에게 애걸복걸하며 빌리거나 재복사를 한, 화면에 비가 내리는 비디오테이프를 두세 편씩 보고서야 잠이 들고 다른 언어로 된 이론서를 탐독하며 보냈던 시절은 어느덧 지나간 듯합니다. 이제는 구할 수 없는 영화가 없고 보지 못할 영화도 없습니다. 그럼에도 오늘 한국의 영화 담론은 어쩐지 정체되어 있는 듯합니다. 영화 담론의 장은 몇몇 사람들만의 현학적인 놀이터가 되어가고 있는 느낌입니다.

최근 한국의 영화 담론은 이론적 논거는 부실한 채 인상비평만 넘쳐나고 있습니다. 전문 영화 잡지들이 쇠퇴하는 상황에서 깊이 있는 비평과 이해는 점점 더 찾아보기 어려워지고 있습니다. 대학과 현장에서 사용하는 개론서들은 너무 오래전 이야기에 머물러 있고 절판되어 찾아보기 힘든 책들도 많습니다. 인용되고 예시되는 장면도 아주 예전 영화의 장면들입니다. 영화는 눈부신 속도로 발전하고 있는데, 그에 대한 이론적 논의는 그 속도를 따라가지 못하는 형국입니다. 물론 이론적 담론이 역동적인 영화의 발전 속도를 바로바로 따라잡기란 쉽지 않은 일입니다. 그럼에도 당대의 영화 예술에 대한 깊이 있는 이해는 비평적 접근을 통해서만 가능하다고 믿습니다. 이에 뜻을 함께하는 영화 연구자들이 모여 '아모르문디 영화 총서'를 시작하고자 합니다.

'아모르문디 영화 총서'는 작지만 큰 책을 지향합니다. 책의 무게는 가볍지만 내용은 가볍지 않은 영화에 관한 담론들이 다채롭게 펼쳐질 것입니다. 또한 영화를 이미지 없이 설명하거나 스틸 사진 한두 장으로 논의하던 종래의 방식을 벗어나 일부 장면들은 동영상을 볼 수 있도록 기획하였습니다. 예시로 제시되는 영화들도 비교적 최근의 영화들로 선택했습니다. 각 권의 주제들은 독립적이면서도 서로 연관관계를 갖도록 설계했습니다. '아모르문디 영화 총서'는 큰 주제에서 작은 주제들로 심화되는 방향으로 구성되어 있습니다.

정체되어 있는 한국 영화 담론의 물꼬를 트고 보다 생산적인 논의들이 확장되고 발전하는 데 초석이 되었으면 하는 것이 '아모르문디 영화 총서'의 꿈입니다. 영화 담론의 발전이 궁극적으로 영화의 발전을 가져올 것이고 그 영화를 통해 우리의 삶이 더 풍요롭고 의미 있는 것이 되었으면 합니다.

기획위원 김윤아

개정판을 펴내며

7년 전 『영화 장르의 이해』를 처음 출간할 때 저의 바람은 영화 장르의 개론서로서 일반 독자들에게 꾸준히 읽히는 책을 내는 것이었습니다. 그동안 절판되지 않고 몇 쇄를 거듭했고, 또 이번에 개정판이 나오게 되어 그 소망은 충족된 것 같습니다. 또한, 전문 연구의 영역에서도 영화학 분야뿐 아니라 다른 인접 학문에서 이 책이 적지 않게 인용되는 것을 보고 연구자로서 뿌듯함과 함께 무거운 책임감도 느끼게 됩니다.

개정판이라는 타이틀을 달고는 있지만 큰 틀에서 많은 변화를 주지는 않았습니다. 새롭게 장(章)을 쓰거나 새롭게 추가하거나 뺀 장르는 없습니다. 이는 물론 저의 게으름 탓일 수도 있지만, 약간의 변명이 허락한다면 이번 개정판의 목적이 기존의 틀을 유지하되 초판(2017) 이후 해당 장르의 흐름, 특히 한국 장르 영화의 흐름에 초점을 맞추었기 때문입니다. 그래서 거의 모든 장르에서 2017년 이후의 장르 영화 사례들이 추가되었고, 특히 코미디와 호러 영화에서 적지 않은 내용이 추가되었습니다. 〈극한직업〉(2019)의 놀라운 상업적 성공과 최근 〈파일럿〉(2024)의 흥행이 말해주듯이 코미디는 팬데믹 이후 한국 블록버스터 영화가 대체로 부진을 면치 못하는 상황에서 중소 규모 영화로 진가를 발휘하고 있습니다. 호러 영화의 경우 전통적인 귀신 영화는 줄어든 반면, 〈검은 사제들〉(2015), 〈곡성〉(2016), 〈파묘〉(2024)

등 직간접적으로 호러의 성격을 띤 영화들이 큰 사랑을 받았습니다. 이 영화들은 동서양의 엑소시즘, 무속 등 오컬트의 색채를 띠며 새로운 장르로 떠올랐습니다. 〈부산행〉(2016)의 천만 흥행 이후 좀비 영화가 부상한 것도 호러에 관심을 둔 이유입니다. 이 밖에도 '나오는 글'에서는 영어권 장르 연구의 최신 경향과, 영화와 OTT의 경계 허물기 등 영화 장르에 대한 저의 현재 고민을 풀어놓았습니다. 언젠가 나오길 바라는 전면 개정판에선 이런 고민이 보다 근사한 사유로 발전될 수 있길 바랍니다.

2024년 10월
정영권

들어가는 글

사람들과 영화 이야기를 하다 보면 장르에 대한 인식이 천차만별임을 알게 됩니다. 무슨 장르를 좋아하느냐고 물어보면 멜로드라마, 코미디, 액션 영화처럼 표준적인 대답을 하는 사람들도 있지만 가끔은 애니메이션, 독립 영화, 일본 영화, 심지어는 반전 영화라고 대답하기도 합니다. 반전 영화가 전쟁에 반대하는 메시지의 영화를 가리키는 거냐고 재차 물어보면, 그럴 리가 있느냐는 표정으로 이야기에 반전(反轉)이 있는 영화라고 대답합니다.

이럴 때 저는 한 대 얻어맞은 듯한 느낌을 받습니다. 멜로드라마, 코미디, 액션 같은 표준적인 영화 장르만을 대답으로 기대하고 있다가 사람들이 저마다 생각하는 장르란 그보다 훨씬 더 광범위하다는 사실을 깨닫기 때문입니다. 결국, 그것 또한 장르가 되지 못할 이유가 없다는 결론에 이릅니다. 애초에 장르란 그저 분류, 갈래라는 뜻이고, 해당 영화의 특정한 점을 공통분모 삼아 그 특성을 공유하는 영화들의 무리를 나열한 것에 불과하기 때문입니다.

이미 영화가 여러 예술, 미디어, 문화 상품, 시각 문화(visual culture) 중 한 갈래이듯이 모든 영화는 최소한 어떤 한 장르에 속합니다. 따라서 사람들이 일본 영화나 반전 영화를 장르의 하나로 봤다고 하여 그것을 틀렸다고 말할 근거도 없습니다. 그럼에도 세상에는 좀 더 표준적이고 규격화되어 있으며 관습화한 장르들이 있습니다. 멜로드라마, 코미디, 호러, SF, 뮤지컬, 스릴러 등의 영화 장르들이 그것입니다. 이 장르들은 다큐멘터리나 실험영화와 대비되는 극영화의 장르들이고 우리가 가장 익숙하게 생각하는 장르들입니다.

이 책은 그런 영화 장르들을 개괄적으로 알기 쉽게 설명하는 것을 목적으로 합니다. 장르의 개념에서부터 장르의 정의 문제, 장르의 식별 요소들, 장르와 산업, 장르와 스타, 장르와 사회, 장르의 진화와 변화, 개별 장르의 특성에 이르기까지 영화 장르를 총괄해 보고자 합니다. 이 책을 따라가다 보면 여러분이 지금까지 봤던 영화들이 어떤 장르와 공유하는 바가 많고 어떤 특성을 갖고 있는지 한눈에 알아볼 수 있을 것입니다. 어떤 장르이며 그 특성이 무엇인지 모르고 보더라도 좋은 영화는 좋고 재미있는 영화는 재미있습니다. 그러나 여러분이 좋아하는 장르의 특성과 관습들을 알고 그러한 영화들을 따로 챙겨본다면 더 많은 것을 알게 되고 더 많은 것을 보게 될 것입니다. 한층 풍부한 영화 관람 경험이 되는 겁니다.

이 책을 쓰면서 두 가지 정도의 원칙을 세웠습니다. 하나는 개별 장르를 다룰 때 해당 장르의 역사도 언급하면서 장르의 관습이나 하위 장르 등 공시적인 측면을 놓치지 말자는 것이었습니다. 모든 장르는 자기만의 역사가 있기에 장르의 역사를 알지 못하면 온전한 이해가 불가능합니다. 그러나 젊은 사람들이 알지 못하는 옛날 영화만 열거하면 머릿속에 쏙쏙 안 들어올 것입니다. 그래서 장르의 정전(正典)이라 할 만한 영화나 적확한 예가 될 만한 영화가 아니라면 되도록 최근 개봉 영화, 한국 영화로 설명하려고 애썼습니다. 외국 영화의 경우도 할리우드 영화를 중심으로 했습니다. 할리우드가 장르 영화의 본고장이기도 하고 여러분에게 가장 친숙한 외국 영화이기 때문이기도 합니다.

둘째는 되도록 쉬운 언어로 풀어쓰려고 노력했습니다. 영화 장르는 쉽게 생각하면 쉽지만 어렵게 생각하면 한없이 어려운 개념입니다. 어디까지가 장르의 경계인지도 뚜렷하지 않거니와 한 편의 영화가 여러 장르를 포함하고 있는 경우도 허다합니다. 그래서 가장 좋은 분류는 인접한 장르를 한데 묶는 것입니다. 제가 개별 장르를 크게 멜로드라마, 코미디, 판타스틱 장르(호러, SF, 판타지), 범죄 장르(갱스터, 필름 누아르, 스릴러)로 묶은 이유도 여기에 있습니다. 멜로드라마와 코미디가 고전 비극과 희극의 현대적 버전이라면 호러, SF, 판타지는 초자연적, 초현실적이라는 공통점이 있습니다. 갱스터, 필름 누아르, 스릴러는 범죄라는 공통 요소가 있습니다. 또한 이들 장르는 기본이 되는 주요 장르이자 동시대 관객들에게 가장 사랑받는 장르들이기도 합니다. 다소 낯설고 어려워 보이는 개념들은 중간 중간에 박스로 용어 설명을 덧붙였습니다.

이 책은 대학의 영화 관련 교양 강좌나 초급 전공 강좌를 위해 쓰였지만 영화 장르에 관심이 있는 청소년들이나 일반 독자들도 많이 읽어봐 주셨으면 좋겠습니다. 이 책을 읽고 영화 장르에 조금 더 관심이 생긴다면 참고문헌에 제시된 장르 일반론과 개별 장르론 관련 도서를 참조하면 더 깊은 이해와 지식을 얻을 수 있을 것입니다. 영화 장르에 처음 입문하시는 분들과 새로이 장르를 정리하고자 하시는 분들에게 작은 보탬이 되기를 바랍니다.

2017년 2월
정영권

차례

Ⅰ. 영화 장르란 무엇인가?

1. 장르의 개념

우리가 영화를 보러 갈 때 기준으로 삼는 것은 여러 가지입니다. 어떤 이는 줄거리가 어떤지를 고려하고, 어떤 이는 자신이 좋아하는 스타가 나오는지를 따집니다. 드물긴 하지만 좋아하는 감독이 연출한 영화를 무조건 보는 관객도 있습니다. 할리우드 감독으로는 크리스토퍼 놀란(Christopher Nolan), 한국 감독으로는 봉준호, 박찬욱 등이 스타 배우 못지않은 스타 감독으로 불립니다. 또한, 적지 않은 관객들이 그 영화가 어떤 종류에 속하는지를 보고 관람을 선택하기도 합니다. 가슴 시린 멜로드라마를 좋아하는 관객이 있는가 하면, 상큼 발랄한 로맨틱 코미디를 선호하는 관객도 있습니다. 그런가 하면, 무시무시한 호러 영화를 즐기는 관객도 있고, 첨단과학과 기술이 전시되는 SF 영화를 광적으로 추종하는 관객도 있습니다.

우리는 이렇게 유사한 영화들이 일군의 무리를 형성할 때, 그것을 영화 장르(film genre)라고 부릅니다. 장르(genre)란 '갈래',

'분야를 가리키는 프랑스어입니다. 장르는 영화에만 해당하는 것이 아닙니다. 모든 예술에는 각각의 장르들이 있습니다. 여러분은 학교에서 문학의 갈래에 대해서 배웠을 겁니다. 문학의 갈래에는 무엇이 있나요? 시, 소설, 희곡, 수필, 평론 등이 있습니다. 여기에서 또 나뉠 수 있습니다. 시는 서정시, 서사시, 극시 등으로, 소설은 분량에 따라 단편소설, 장편소설, 대하소설 등으로 나뉩니다. 소설은 독자층의 성격에 따라 문학성을 더 강조하는 순수소설과 대중성을 더 강조하는 대중소설로 갈리기도 합니다. 오늘날 이 둘의 경계는 점점 더 구별이 어려워지고 있긴 하죠.

음악 역시 수많은 장르를 갖고 있습니다. 우선, 고전음악과 대중음악이 있습니다. 대중음악은 다시 팝, 록, 재즈, 레게, 테크노 등 다양하게 구분될 수 있습니다. 누군가가 당신의 음악 취향에 대해 묻는다면 그것은 곧 당신이 좋아하는 음악 장르가 무엇이냐고 묻는 것과 같습니다. 영화 역시 마찬가지입니다. 좋아하는 영화는 어떤 종류냐고 질문하는 것은 곧 어떤 영화 장르를 즐기느냐고 묻는 것과 같습니다.

그렇다면 영화의 장르에는 어떤 것이 있을까요? 여러분의 머릿속에 떠오르는 몇 가지가 있을 겁니다. 코미디, 스릴러, 호러, 다큐멘터리, 애니메이션…. 물론 이 모두는 장르입니다. 그러나 좀 더 엄밀하게 이야기하자면 상위 개념과 하위 개념이 좀 뒤섞여 있습니다. 무슨 이야기냐고요? 코미디와 스릴러를 한데 묶는 것은 어색하지 않지만 거기에 다큐멘터리가 들어가는 것은 좀 어색하다는 의미입니다. 다큐멘터리는 그보단 코미디, 스릴러의 상위 개념인 극영화(narrative film, fiction film)와 함께 묶이는 것이 더 자연스럽습니다. 극영화란 말 그대로 극이 있는 영화, 즉 허구의 이야기로 구성된 영화를 말하는 것이죠.

우리는 극영화, 다큐멘터리, 실험 영화를 영화의 3대 상위 장르라고 부를 수 있을 겁니다. 실험 영화(experimental film)는 대중성보다는 개인의 예술적 실험을 추구하는 영화를 말합니다. 상업 영화관보다는 예술 영화 전용관, 시네마테크 등에서 주로 볼수 있습니다. 그러나 제가 이 책에서 거론하고자 하는 영화 장르는 다큐멘터리와 실험 영화가 아닙니다. 저는 극영화만을 다루려고 합니다. 그리고 우리가 보통 영화 장르, 혹은 장르 영화라고 말할 때 극영화를 가리키는 경우가 대부분입니다. 그러면 우리는 이렇게 다시 물을 수 있습니다. 극영화의 장르에는 어떤 것이 있을까요? 멜로드라마, 코미디, 호러, SF, 판타지, 전기(傳記), 스릴러, 누아르, 갱스터, 뮤지컬 등등 많습니다.

이 중 상당수는 꼭 영화에만 해당하는 것은 아닙니다. 예를 들어 멜로드라마는 근대 유럽에서 부상하는 부르주아 계급을 위한 연극으로 시작되었습니다. 호러 영화는 『프랑켄슈타인 Franken-stein』(1818), 『드라큘라 Dracula』(1897) 등 19세기 고딕 소설들이 선조라고 할 수 있습니다. 마찬가지로 SF 영화는 쥘 베른(Jules Verne)이나 H.G. 웰스(H.G. Wells) 등 SF 소설의 선구자들에게 빚진 바가 크죠. 뮤지컬 영화 역시 영화를 위해 창작된 것보다는 이미 공연된 뮤지컬을 영화화하는 경우가 많습니다. 전기영화도 실존 인물의 삶에 바탕을 두고 있음을 감안한다면 사실상 영화만의 고유한 장르를 가정하는 것도 쉽지는 않습니다.

그럼에도 불구하고 영화 장르는 영화만의 특성을 갖고 있습니다. 그중 가장 큰 변별점은 산업성과 대중성입니다. 영화는 어떤 예술보다 큰 제작비가 투여됩니다. 또한, 국내 관객뿐 아니라 전 세계적인 규모로 배급, 상영됨으로써 관객 수 또한 클 수밖에 없습니다. 한 영화가 가지는 사회적 파급력은 한 편의 소설이나 연극과 비교할 수 없을 만큼 큽니다. 이 말은 영화 장르가 그 어떤 예술보다 자본집약적이며 대중친화적인 장르라는 뜻입니다. 이것은 제작 단계에서부터 나타납니다. 한 편의 소설을 여러 작가가 쓰는 경우는 흔치 않습니다. 여러 사람의 협업에 의해 한 곡의 대중음악이 만들어질 수는 있지만 영화 한 편에 투입되는 사람 수와 비교하기는 어렵습니다.

한 사람의 예술적 재능에만 의존하기 어렵다는 점, 제작비 회수를 위해 수많은 관객의 흥미를 끌어야 한다는 점 때문에 영화는 늘 안전성을 추구합니다. 여기서 안전성이란 바로 이전에 성공했던 모델을 따른다는 것이죠. 어떤 영화가 어떤 스토리와 스타일로 큰 성공을 거둔다면 그 영화를 모방하는 유사한 영화들이 제작됩니다. 그리고 관객들은 이전에 봤던 영화들에 대한 경험을 바탕으로 유사한 영화라는 것을 알아차리죠. 사람들은 낯설고 잘 모르는 것보다는 익숙한 것을 선호하는 습관이 있어서 이 영화들

은 인기를 누리게 됩니다. 재미가 있다면 말이죠. 그러면 영화제
작자들은 대중들이 이런 영화를 선호한다는 것을 간파하고 그와
유사한 영화들을 대량으로 제작합니다. 대부분의 영화 장르는 이
런 식으로 형성됩니다. 즉, 영화 장르는 제작자, 텍스트(영화),
관객이라는 세 꼭짓점을 통해 만들어집니다. 제작자가 일방적으
로 공급한다거나 관객이 수동적으로 소비하는 관계가 아닌, 텍스
트를 둘러싸고 제작자와 관객이 벌이는 상호 행위라고 보는 것이
타당합니다.

　이러한 것은 이미 형성된 장르라고 해서 계속 지속되는 것은
아니라는 점을 통해 증명됩니다. 부침을 거듭하게 되죠. 관객들
은 한 장르가 별다른 새로움 없이 진부하게 반복되면 금방 싫증
을 냅니다. 그러면 해당 장르도 쇠퇴를 겪게 됩니다. 그러다가 또
어떤 영화가 관객의 사랑을 받게 되면 그에 해당하는 장르의 영
화가 다시 시도되기도 합니다. 예를 들어 1990년대 한국 영화에
서 스릴러 장르는 흔치 않았습니다. 손으로 꼽을 정도였죠. 그러
다가 2000년대 이후 스릴러는 조금씩 부상하기 시작합니다. 특
히, 〈살인의 추억〉(2003), 〈올드보이〉(2003)와 〈추격자〉(2008)
의 상업적 성공은 수많은 아류 영화들을 양산했습니다. 마찬가지
로 〈폰〉(2002)과 〈장화, 홍련〉(2003)의 흥행 성공은 2000년
대 중반까지 매해 여름 호러 영화가 쏟아져 나오도록 했습니다.
그러나 2000년대 후반 이후로는 간간이 만들어질 뿐이고 큰 흥
행을 거둔 영화도 〈검은 사제들〉(2015), 〈곡성〉(2016), 〈파묘〉

(2024) 등 일부 호러의 성격을 띤 영화를 제외한다면, 〈곤지암〉 (2018) 정도입니다. 영화 장르는 이런 식으로 형성과 발전, 쇠퇴, 재생을 거듭합니다.

　이것은 어떤 장르의 소설이 유행하는 것과는 현저하게 다른 현상입니다. 물론, 소설, 특히 추리, SF, 로맨스 등 장르 소설들은 순수소설보다는 대중성에 더 민감합니다. 그러나 산업과 대중의 피드백 관계가 영화만큼 크지는 않습니다. 작가가 요즘 대중들은 이런 것을 좋아한다고 여기고 이를 반영할 수는 있지만 영화만큼 큰 영향을 끼치지는 않습니다. 아마 영화만큼 대중의 취향을 크게 반영하는 것은 대중음악 정도일 겁니다. 그러나 대중음악 한 곡이나 앨범 한 장이 제작되는 규모는 영화 한 편 제작되는 규모보다 훨씬 작아서 창작자의 상대적 자율성이 더 크다고 할 수 있습니다. 발라드만을 작곡하는 사람, 댄스음악을 주로 작곡하는 사람, 트로트만을 노래하는 사람 등 고유한 색깔을 가질 가능성이 더 많은 것이죠. 물론, 영화에서도 자기만의 색깔을 가진 영화감독이 있습니다. 우리는 이런 감독들을 작가(auteur, author)라고 부르죠. 홍상수, 김기덕, 이창동 등의 감독들 말입니다. 그러나 이들이 연출하는 영화가 주로 대중적이지 않은 영화, 즉 어떤 장르에 속한다고 말하기 모호한 영화라는 점에서, 이는 영화 장르가 얼마나 대중 지향적인지를 역으로 증명해주는 것입니다.

2. 장르 정의의 어려움

우리는 위에서 장르의 개념에 대해 살펴봤습니다. 그럼에도 불구하고 장르가 과연 무엇인지는 쉽게 간파되지 않습니다. 장르는 어떻게 정의내릴 수 있을까요? 코믹한 요소가 있는 영화는 다 코미디일까요? 스릴이 있는 영화는 다 스릴러일까요? 이것은 참으로 어려운 문제입니다. 아마도 영화 연구에서 가장 애매하고 모호하며 난해한 문제 중 하나는 장르를 어떻게 정의내릴까 하는 문제일 겁니다. 왜냐하면 장르를 정의하는 특별하고 엄밀한 기준이 있는 것은 결코 아니기 때문입니다.

우리는 〈베테랑〉(2015)이 액션 영화라는 것을 잘 알고 있습니다. 〈내부자들〉(2015)이 범죄 영화이며, 〈부산행〉(2016)이 재난 영화라는 것도 알고 있습니다. 〈럭키〉(2016)는 코미디 영화죠. 그런데 어느 누구에게 액션 영화, 범죄 영화, 재난 영화, 코미디 영화의 정의가 무엇이냐고 묻는다면 대답하기가 마땅치 않습니다. 왜 그럴까요? 저는 이것이 장르 정의의 함정이라고 생각합니다. 뭔가를 정의하는 데는 학문적인 엄밀성이 요구될 것이라는 생각 말이죠. 그러나 대체로 장르의 정의는 동어 반복적입니다. 액션이 관객의 인기를 끄는 최대의 요소라면 액션 영화이고, 범죄가 주된 소재로 활용된다면 범죄 영화이며, 재난에 가장 큰 초점이 맞춰진다면 재난 영화입니다. 맥 빠지는 정의죠? 뭔가 그럴듯한 해석이나 설명이 있을 줄 알았는데 누구나 이야기할 수

〈베테랑〉(류승완 감독, 2015)

있는 수준인 것이죠.

그러나 여기서 우리는 한 발 더 나아갈 수도 있습니다. 가령, 어떤 논자가 〈베테랑〉, 〈내부자들〉, 〈부산행〉을 한데 묶어 사회 드라마라고 부른다면 어떨까요? 저는 이것이 충분히 가능하다고 생각합니다. 〈베테랑〉은 재벌 3세의 전횡과 사회적 불평등에 맞서 싸우는 경찰들의 활약을 그리고 있습니다. 〈내부자들〉은 정치, 언론, 검찰 등의 유착관계를 다루고 있죠. 〈부산행〉은 재난 상황에서 국민을 제대로 보호하지 못하는 국가권력과 고위층을 묘사합니다. 따라서 이런 영화들을 사회 드라마라고 부르는 것은 전혀 이상할 것이 없습니다. 할리우드 장르에서는 사회적 현실이나 쟁점을 전면화한 이런 영화를 가리켜 사회문제 영화(social problem film)라고도 합니다. 〈도가니〉(2011), 〈변호인〉(2013) 등의 한국 영화도 여기에 속한다고 할 수 있죠.

왜 액션, 범죄, 재난 영화가 사회 드라마 혹은 사회문제 영화라는 다른 명칭으로 묶일 수 있을까요? 어찌 보면 그것은 너무도 당연합니다. 어떤 영화도 하나의 장르에 맞춰 만들어지는 것은 아니기 때문입니다. 또한, 관객들도 한 편의 영화에서 여러 장르의 특성을 간파할 수 있기 때문입니다. 〈부산행〉은 재난 영화이지만 액션 영화이기도 하고 좀비 영화이기도 합니다. 〈베테랑〉은 범죄수사보다는 액션 자체의 장르적 쾌감에 초점이 맞춰져 있지만 범죄 영화라고 부른다고 해서 틀릴 것도 없습니다. 분명히 범죄적 상황을 다루고 있으니까요. 그럼에도 불구하고 제가 〈베테랑〉을 범죄 영화보다는 액션 영화라고 먼저 칭한 것은 관객의 장르적 기대감(generic expectation)이 범죄수사보다는 액션에 더 가닿아 있기 때문입니다. 반대로, 〈내부자들〉에도 액션이 있지만 액션 자체보다는 복잡한 범죄 사건들이 어떤 방식으로 풀리느냐가 더 큰 관심사이기 때문입니다.

그러나 이런 것은 언제나 상대적입니다. 그 어떤 것도 절대적인 것은 없습니다. 사실, 장르 정의의 기준이란 천차만별입니다. 어떤 장르는 소재나 주제에서 장르의 명칭을 찾습니다. 현대과학이 도달할 수 없는 수준의 과학기술이 제시된다면 SF 영화입니다. 19세기 후반~20세기 초반 미국 서부를 배경으로 총잡이들의 활약을 다룬다면 웨스턴 영화입니다. 전쟁이 주된 소재라면 전쟁 영화입니다. 또 어떤 장르는 정서와 분위기에 기반을 둡니다. 웃음이 지배적인 톤이자 해피엔딩이 끝을 장식한다면 코미디이고, 영화 전반에 걸쳐 스릴과 서스펜스가 지배한다면 스릴러입니다. 관객들을 놀라게 하고 혐오감과 두려움에 떨게 만들 목적으로 제작됐다면 호러 영화입니다. 어떤 내용을 담고 있건 노래와 춤이 영화 전체에 반복되면 뮤지컬입니다. 특정 양식(mode)에 따른 분류죠. 특정 시대에 따른 분류도 있습니다. 합의된 정의는 아니지만 20세기 이전을 배경으로 한 영화를 사극이라 할 수 있겠죠. 심지어 캐릭터의 연령이나 주 관객층의 연령에 따라 십대 영화(teenpics), 혹은 청소년 영화라 칭할 수도 있고, 주인공의 실존 여부에 따라 전기 영화(biopics)를 논할 수도 있습니다.

왜 이렇게 장르의 정의는 자의적이고 편의적으로 보일까요? 저는 그것이 영화 장르의 대중적 성격에 기인한다고 봅니다. 대체로 모든 학문에서 뭔가를 정의하는 것은 학자들의 영역입니다. 그러나 영화 장르의 명칭을 부여해 온 것은 영화학자들이 아닙니다. 그보다는 저널리스트들과 마케터들이 용어를 만듭니다. 미국 최초의 웨스턴 영화라 불리는 〈대열차 강도 The Great Train Robbery〉(1903)는 개봉 당시에는 웨스턴이라 불리지 않았습니다. 그보다는 추적 영화(chase film)라고 불렸습니다. 그 이후에 미국 서부를 배경으로 한 영화들이 대거 등장하자 저널리즘 비평가들은 이를 웨스턴 드라마, 혹은 웨스턴 멜로드라마 등으로 부릅니다. 더 많은 유사 영화들이 그 뒤를 잇자 이제는 명사를 수식하던 형용사, 즉 웨스턴(western)이 독립적인 장르 명칭이 되었습니다. 이는 뮤지컬도 마찬가지입니다. 우리는 처음에 뮤지컬이 뮤지컬 코미디로 불렸다는 것을 기억해야 합니다. 즉, 애초에 뮤지컬은 코미디의 한 양식이었습니다. 그러나 노래와 춤이 지배적인 영화들이 쏟아져 나오자 이를 독립해서 뮤지컬(musical)이라 불러야 할 필요성이 생긴 겁니다. 즉, 학자들이 특정 영화들을 엄밀한 기준으로 명명하기 이전에 엇비슷한 영화들이 대중적 인기를 구가하자 저널리즘이 편의를 위해 이를 범주화할 필요가 생긴 겁니다. 이때 〈대열차 강도〉처럼 처음에는 웨스턴이라 불리지 않았던 영화들도 그 장르의 기원으로 소급되어 웨스턴의 원조가 됩니다.

그런 점에서 유사한 영화들이 대량으로 양산되는 현상은 대단히 중요합니다. 일정 시기 동안 유사한 영화들이 많이 나올 때 사이클(cycle, 주기)이 형성됐다고 합니다. 처음에 〈대열차 강도〉는 웨스턴으로 불리지 않았지만 미국 서부를 배경으로 한 유사 영화들이 다량으로 나왔다면 하나의 사이클을 형성한 것이죠. 저널리

즘은 이 사이클을 하나의 영화적 현상으로 진단하고 범주화할 필요가 있었던 겁니다. 범주화하지 않는다면 개별 영화의 제목을 일일이 열거해야 하는 번거로움이 따릅니다. 바로 이때 이 사이클은 웨스턴이라는 장르 명으로 범주화되는 것입니다.

한국 영화의 예를 들어볼까요. 2000년대 초반에 〈조폭 마누라〉(2001), 〈달마야 놀자〉(2001), 〈두사부일체〉(2001) 등의 영화가 대성공을 거두었습니다. 이 영화들은 모두 코미디였죠. 그런데 이전의 코미디와는 다른 특징이 있었습니다. 모두 조직폭력배, 즉 조폭이 주인공으로 등장한다는 것이죠. 그 상황도 기존의

☞ **사이클(cycle)**

사이클은 두 가지 의미가 있습니다. 첫째, 일정 시기 동안 유행하는 한 장르의 주기입니다. 〈장화, 홍련〉(2003)의 흥행은 2000년대 중반까지 호러 영화가 지속적으로 나오는 데 중요한 역할을 했습니다. 〈령〉(2004), 〈분홍신〉(2005), 〈스승의 은혜〉(2006) 등이 이 시기 영화입니다. 호러 영화의 사이클이 형성된 것이죠. 둘째, 단일 장르로 범주화하기 어려우나 단기적으로 일정한 흐름과 유행을 형성한 영화들의 주기입니다. 2010년대 중후반에는 일제 강점기를 배경으로 하는 영화가 붐을 이루었는데, 이는 명백한 사이클이라고 할 수 있습니다. 〈경성학교: 사라진 소녀들〉(2015), 〈암살〉(2015), 〈대호〉(2015), 〈해어화〉(2015), 〈아가씨〉(2016), 〈밀정〉(2016), 〈동주〉(2016), 〈덕혜옹주〉(2016), 〈박열〉(2017), 〈군함도〉(2017), 〈말모이〉(2019), 〈항거: 유관순 이야기〉(2019), 〈봉오동 전투〉(2019) 등이 이런 영화들입니다. 뒤로 갈수록 독립운동을 다룬 영화들이 많았지만 〈해어화〉나 〈아가씨〉처럼 그와 거리가 먼 영화들도 있습니다. 이들은 시대적 배경을 공유할 뿐 하나의 장르로 수렴하기 어려운 사이클입니다.

조폭 이미지와는 거리가 있습니다. 주로 남성의 영역인 조폭 세계에 여성이 천하평정을 한다거나(〈조폭 마누라〉), 조폭이 사찰로 들어가기도 하고(〈달마야 놀자〉), 조폭이 학교에 입학(〈두사부일체〉)하기도 합니다. 〈가문의 영광〉(2002)처럼 남녀 간 밀고당기는 로맨틱 코미디의 배경을 조폭 세계로 옮겨 놓기도 합니다. 이것은 새로운 종류의 코미디 사이클이 형성됐다는 것을 가리킵니다. 그리고 어김없이 이 코미디를 '조폭 코미디'라고 명명한 것이죠. 이때 조폭 코미디는 단지 사이클이 아니라 코미디의 하위장르가 됐다고 할 수 있습니다. 코미디가 상위 장르라면 조폭 코미디는 하위 장르인 것이죠.

　모든 영화는 자신의 상위 장르와 하위 장르를 갖습니다. 극영화가 상위 장르라면 코미디, 멜로드라마, 호러 영화 등은 하위 장르입니다. 호러 영화는 다시 고딕/뱀파이어, 오컬트, 슬래셔, 좀비 등의 하위 장르로 나뉩니다. 코미디 역시 슬랩스틱 코미디, 로맨틱 코미디, 블랙 코미디 등의 하위 장르로 나뉠 수 있죠. 이들각각의 특징들은 개별 장르를 다루는 뒤에서 살펴보기로 하고, 여기에서는 이들 요소들이 한 장르에만 국한하는 것이 아니라는점을 알아야 합니다. 2010년 전후 십대들에게 인기가 있었던 할리우드 영화 〈트와일라잇 Twilight〉 시리즈(2008~2012)를 기억하시나요? 이 시리즈는 뱀파이어, 늑대인간의 이야기입니다. 그러면 호러 영화일까요? 맞습니다. 그런데 십대들의 이야기이고 주 관객층도 십대죠? 그러면 십대 영화? 맞습니다. 또한, 로맨스가 중요한 플롯을 차지합니다. 그렇다면 로맨스 영화? 맞습니다. 또한 등장인물을 둘러싼 배경이나 행위는 현실을 넘어서는 판타지입니다. 판타지 영화? 맞습니다.

영화 사이트에 들어가 보면 하나의 장르로만 명명된 영화는 거의 없습니다. 〈스캔들: 조선남녀상열지사〉(2003)와 〈조선 명탐정〉 시리즈(2011~2018)는 사극이라는 점에서는 같지만, 전자가 로맨스와 치정, 음모를 다룬 멜로드라마라면, 후자는 모험과 활극이 주된 액션-어드벤처입니다. 즉, 시공간의 배경은 사극인데, 이야기를 풀어나가는 방식은 각각 멜로드라마이고 액션-어드벤처인 것이죠. 굳이 명명한다면 멜로 사극, 액션 사극으로 부를 수 있습니다.

이제 왜 장르의 정의가 어려운지를 대충 짐작하셨으리라 봅니다. 어떤 영화학자가 장르의 정의를 위해 기준이 되는 몇 가지 요소들을 목록으로 만든다고 칩시다. 이 기준들을 다 만족해야만 그 장르가 되는 걸까요? 어떤 영화들은 이 요소들은 충족하는데 다른 요소들은 충족하지 못합니다. 그렇다면 이 영화는 그 장르에 속하지 않는 걸까요? 이런 논의는 그 자체로 소모적입니다. 어떤 영화도 학자들이 정의한 요소에 딱딱 맞춰 만들어지지 않습니다. 만약 그러한 절대 기준이 있고 그에 따라 영화를 만들어야 한다면 그것이야말로 영화 장르의 역동성을 해치는 것입니다.

물론, 영화비평가나 영화학자들이 특정 영화를 거론할 때 장르의 정의를 내리는 것이 무익한 것은 아닙니다. 자신이 논할 영화의 범위를 정하는 것은 필요하기도 하고 유용한 일이기도 합니다. 때로 그러한 용어들이 학계에서만 쓰이는 것이 아니라 대중적으로 상용화되기도 합니다. 외국의 예를 들자면 필름 누아르(film noir)가 그에 해당합니다. 이 용어는 1940년대 프랑스의 영화비 평가들이 일련의 할리우드 범죄 영화에 붙인 명칭입니다. 한국의 예로는 분단 영화라는 명칭이 있습니다. 우리는 〈공동경비구역 JSA〉(2000)같은 군사 미스터리, 〈웰컴 투 동막골〉(2005)같은 전쟁 영화, 〈간첩〉(2012)같은 코미디, 〈용의자〉(2013)같은 첩 보 액션 등을 모두 아울러 분단 영화라고 따로 범주화할 수도 있 습니다. 이렇게 모든 장르는 재범주화가 가능한 것이며 그만큼 장르의 정의도 열려 있는 것입니다.

3. 장르의 공식, 관습, 도상

장르의 정의가 어렵다고 하여 그것이 불가능한 것은 아닙니다. 절대적이고 엄밀한 기준을 내놓는 건 온당치도 않고, 현실적으로 가능하지도 않지만 장르의 특성이 무엇인지를 파악하는 것은 필 요합니다. 그래야 영화를 더 재미있고 풍부하게 만들 수 있습니 다. 또한 대부분의 관객들은 장르의 정의를 내리는 데에는 주저 할 수 있지만, 자신이 본 영화가 어떤 장르인지 잘 알고 있습니 다. 지식보다는 직관적 경험을 통한 것입니다. 포복절도할 웃음 이 지배하는 영화를 보고 호러 영화라고 여길 관객은 거의 없습니다. 관객이 판타지 영화의 정의가 무엇인지 정확히 알지 못한다 해도, 그들의 머릿속에는 이미 판타지의 상(相)이 있습니다. 판타지 하면 생각나는 영화들이 있습니다. 〈반지의 제왕 The Lord of the Rings〉 시리즈(2001~2003), 〈해리 포터 Harry Potter〉 시리즈(2001~2011) 등 말이죠. 그렇게 그 장르에 해당하는 영화의 리스트를 줄줄 뽑아낼 수 있다면 그것은 엄연한 장르입니다. 그러나 어떤 장르 용어는 고개를 갸웃거리게 합니다. 예를 들어 향수 영화(nostalgia film)라는 말을 들어보셨나요? 어떤 영화인지, 제목을 열거하기가 쉽지 않을 겁니다. 이 용어는 대중에게 익숙한 용어가 아니라, 영화학자들이 과거를 복고적으로 회고하는 영화들(〈써니〉(2011), 〈피끓는 청춘〉(2014), 〈쎄시봉〉(2015) 등)을 지칭할 때 가끔씩 쓰는 용어입니다. 이것은 저널리즘의 용어가 아니라 학술적 용어에 가깝습니다. 학자들만이 공유하는 용어인 것이죠. 저는 멜로드라마, 코미디, 스릴러 등 일반적이고 보편적인 용어와 향수 영화 등 학술적 용어 사이 어디쯤에 복수 영화(revenge film)같은 용어가 있다고 생각합니다. 이 말은 학술 담론에서도 쓰이지만 저널리즘에서도 간간이 쓰이기 때문에 들어보신 분들도 있을 겁니다. 특히, 〈아저씨〉, 〈악마를 보았다〉, 〈김복남 살인사건의 전말〉 등 피비린내 나는 복수극이 인기를 끌었던 2010년에 언론지상에 회자되던 말이었죠. 우리는 이런 질문을 던질 수 있습니다. 복수 영화는 장르일까?

이것은 쉽지 않은 문제입니다. 왜냐하면 장르의 정의를 어떻게 내리는지 합의된 바가 없기 때문입니다. 〈악마를 보았다〉는 스릴러입니다. 〈킬 빌 Kill Bill〉 2부작(2003, 2004)은 액션 영화입니다. 〈여고괴담〉(1998)은 호러 영화입니다. 공통점은 복수의 서사라는 것이죠. 앞서 〈베테랑〉(2015), 〈내부자들〉(2015), 〈부산행〉(2016)을 사회 드라마로 재분류하는 것이 가능하다고 했던 것처럼, 〈악마를 보았다〉, 〈킬 빌〉, 〈여고괴담〉을 복수 영화라고 부르는 것도 가능합니다. 사실, 장르의 분류는 영화들 속에서 무엇을 공통요소로 묶어 하나의 범주로 분류하고자 하는 분류자의 의지에 있는 것입니다. 그러나 여기서 이런 질문을 또 한 번 던질 수 있습니다. 그렇다면, 복수 영화는 멜로드라마, 코미디, 스릴러 등과 어깨를 나란히 하는 동급의 장르일까? 저는 그렇지 않다고 생각합니다. 그 이유는 복수 영화가 복수의 서사 외에는 인지 가능한 공통요소가 없기 때문입니다. 즉, 관객이 그것을 장르로 인식하기엔 불안정하다는 겁니다. 아직 보편적 장르 용어로 상용화되기엔 이른 용어라는 겁니다. 그에 비해서 멜로드라마, 코미디, 스릴러, SF, 호러, 뮤지컬 등은 충분히 인지 가능한 공통요소들이 있습니다. 견고하게 굳어진 장르, 즉 안정화한 장르라는 겁니다. 저는 이것을 장르의 공식, 관습, 도상으로 풀어보려고 합니다.

공식(formula)이란 영화의 전체적 구조에서 예측 가능한 결과를 가져올 친숙한 행위를 말합니다. 우리는 코미디 영화가 해피 엔딩으로 끝나리라는 것을 압니다. 로맨틱 코미디에서 남녀는 만나고 티격태격 다투다가 이별을 하지만, 끝내 재결합합니다. 〈내

〈셰인〉(조지 스티븐스 감독, 1953)

아내의 모든 것〉(2012)의 엔딩처럼 말이죠. 웨스턴 영화는 어떤가요? 서부의 총잡이가 작은 마을에 머뭅니다. 선술집에서 낯선 그에게 누군가 시비를 걸어오고 그는 어쩔 수 없이 자신의 총솜씨를 선보이고 말죠. 이를 본 마을 사람들이 포악한 농장주로부터 자신들을 지켜달라고 부탁합니다. 그는 처음엔 이를 거절하다가 끝내 마을 사람들의 편이 되죠. 그러곤 어김없이 악당들을 처치하고 마을을 떠나게 됩니다. 돌아오라는 마을 사람들의 외침을 뒤로하고 석양이 지는 언덕을 향해 표표히 떠나죠. 고전 할리우드 웨스턴 〈셰인 Shane〉(1953)처럼 말입니다.

전쟁 영화의 대표 유형이자 하위 장르인 전투 영화(combat film)를 봅시다. 신병이 입소하고 혹독한 훈련을 거칩니다. 신병은 아버지 상(father figure)인 장교나 부사관의 지휘 하에 소년(kid)에서 남자(man)로 변모하죠. 부대 내에 적지 않은 내부갈등이 있지만 더 큰 외부의 적과 싸우는 과정에서 갈등은 해결됩니다. 그리고 최후의 결전을 거치며 궁극적인 승리를 거두거나 장렬한 최후를 맞게 되겠죠. 〈포화 속으로〉(2010)나 〈고지전〉(2011)처럼 말입니다.

　재난 영화라면 재난을 예고하는 과학자와 이를 믿지 않거나 대수롭지 않게 여기고 무시하는 관료, 기업가 등이 등장합니다. 화재와 같은 인재든 쓰나미 같은 자연재해든 협력과 이타심을 발휘하는 희생적 인간이 있는가 하면 자기만 살겠다고 버티거나 인명구조에 불공정한 태도를 보이는 이기적 인간이 있습니다. 대체로 후자는 부패한 정치 권력과 유착되어 있죠. 재난 영화는 대개 소원했던 가족의 의미를 재확인하면서 끝납니다. 〈해운대〉(2009), 〈타워〉(2012), 〈감기〉(2013), 〈터널〉(2016) 등 모두 대동소이합니다. 우리는 이렇게 이미 봐왔던 반복되는 패턴을 통해 영화의 장르를 인식합니다. 이 반복되는 친숙한 행위가 공식입니다.

　관습(convention)은 공식보다 조금 작은 단위입니다. 공식과 완전히 구별되기보다는 공식 내부에서 반복되는 작은 에피소드 단위를 말합니다. 위에서 거론한 웨스턴을 보면 몇 번에 걸쳐 총격전이 반복됩니다. 이 크고 작은 결투가 몇 차례 있어야 웨스턴이라 부를 수 있는 거죠. 동양의 무협 영화에서 무술 고수들이 벌이는 결투는 웨스턴에 나오는 총격전의 동양 버전이라 할 만합니다. 마찬가지로 웨스턴의 결투에 해당하는 것이 전투 영화에서는 전투일 겁니다. 적과의 전투를 몇 번 거쳐야만 신병은 소년에서 남자가 될 수 있습니다. 〈사랑은 비를 타고 Singin' in the Rain〉

(1952)같은 고전적인 할리우드 뮤지컬이라면 남녀 주인공의 사랑의 이중창을 빼놓을 수 없습니다. 서로에 대한 감정을 숨겨오던 이들은 이 노래와 춤을 통해 비로소 마음을 확인합니다. 액션영화라면 여러 액션 장면들이 이에 해당하겠지만 특히 카 체이스 등이 빈번하게 등장하죠.

도상(icon)은 세팅, 의상, 소품, 조명 등 시각적 요소를 말합니다. 회화 등 시각적 이미지를 해석하는 도상학(iconography)에서 따온 도상은 영화 장르를 직접적으로 식별하게 해 줍니다. 우주 공간에서 전사들이 광선 검으로 싸운다면 SF 영화라는 것을 알 수 있습니다. 웨스턴은 황량한 서부에서 펼쳐지며 말과 소총, 권총, 카우보이 복장 등을 통해 알 수 있습니다. 고전적 할리우드 갱스터 영화의 중절모, 톰슨 기관총, 대공황 시대의 자동차도 그 장르의 도상입니다. 한국의 조폭 영화라면 수트(suit)뿐 아니라 조야한 알로하셔츠, 금목걸이, 문신 등이 조폭을 가리키는 도상이 됩니다. 할리우드 갱스터처럼 기관총이 아니라 각목, 야구방망이, 회칼 등 소위 '연장'이 주요 무기가 될 겁니다. 호러 영화는 하위 장르별로 드라큘라, 좀비, 도끼를 든 살인마, 괴물 등이 주된 도상이겠죠. 한국, 일본, 태국 등 동아시아의 호러 영화라면 하얀 옷에 머리를 풀어헤친 여귀가 그 역할을 할 겁니다.

조명과 같은 기술적 요소가 뚜렷한 도상을 차지하기도 합니다. 특히, 필름 누아르나 호러 영화 등은 어두운 로우 키(low-key) 조명을 사용함으로써 으스스하고 서늘한 분위기를 창출합니다. 이에 비해 코미디 영화는 밝고 명랑해 보이는 하이 키(high-key) 조명을 주로 사용하죠. 도상은 대체로 시각적인 부분을 설명할 때 쓰이는 용어이지만 조금 더 넓은 의미로는 청각적 요소도 포함합니다. 호러 영화에서 삐걱거리는 문소리나 을씨년스러운 바람소리, 충격적인 장면에서 극단적인 하이 톤의 음향 효과가 이런 경우입니다. 멜로드라마의 달달한 로맨스 장면에 등장하는 감상적인 음악도 이에 해당합니다.

이런 식으로 공식, 관습, 도상을 통해 우리는 영화 장르를 식별할 수 있습니다. 그리고 그렇게 식별된 영화, 즉 익숙한 틀과 패턴을 갖고 있는 영화를 장르 영화(genre film)라고 부릅니다. 그 대척점에는 예술 영화, 실험 영화 등이 있습니다. 실험 영화는 극영화가 아니기에 논외로 한다면 예술 영화가 남는데 예술 영화는 장르일까요? 물론입니다. 장르가 말 그대로 갈래, 종류, 유형의 의미라면 장르가 아닐 까닭이 없습니다. 다만, 관객들은 예술 영화를 보러 갈 때 코미디, 스릴러, 호러, 뮤지컬 등과는 다른 장

☞ **로우 키(low-key) 조명과 하이 키(high-key) 조명**
로우 키 조명은 전반적으로 어두운 톤을 강조하며 명암 대비가 극명하게 대립되는 특징이 있습니다. 특히 검게 드리운 그림자는 로우 키 조명의 상징과도 같습니다. 필름 누아르, 호러, 스릴러 등에 많이 사용됩니다. 하이 키 조명은 로우 키 조명과는 반대로 그림자가 거의 보이지 않는 밝고 고른 조명을 말합니다. 코미디, 뮤지컬 등과 잘 어울립니다.

르적 기대감을 갖고 갑니다. 후자의 장르들이 익숙한 틀과 구조를 예상할 수 있는 데 반해 예술 영화는 그렇지 않습니다. 후자가 주로 멀티플렉스에서 볼 수 있다면 전자는 예술 영화 전용관에서 주로 볼 수 있죠. 우리는 이렇게 정리해 볼 수 있습니다. 예술 영화 역시 영화 장르입니다. 그러나 장르 영화는 아닙니다. 익숙한 공식, 관습, 도상 등 반복되는 패턴과 구조보다는 영화 작가 개인의 개성에 의존하고 있기 때문이죠.

공식, 관습, 도상이 영화 장르를 식별하고 장르 영화와 예술 영화를 가르는 한 준거점이긴 하지만 이 역시 절대적인 것은 아닙니다. 어떤 장르는 공식과 관습은 뚜렷해 보이는데 도상은 미미할 수도 있습니다. 멜로드라마나 코미디의 도상은 무엇일까요? 코미디 중 슬랩스틱 코미디의 우스꽝스러운 분장, 표정, 행위 등은 하나의 도상이지만 로맨틱 코미디의 도상이 무엇인지는 명확하지 않습니다. 전기 영화는 실존 인물이 살았던 시대와 배경이 각각 다를 것이기 때문에 매번 달라질 겁니다. 사극은 어떤가요? 멜로드라마나 로맨틱 코미디와는 반대로 이 장르는 도상은 확실하나 공식과 관습은 정해져 있지 않습니다. 현대 이전의 배경, 의상, 소품을 보고 사극이라 식별할 수 있지만 이야기가 어떤 식으로 흘러갈지 어떤 관습에 의존할지는 파악하기 어렵습니다. 배경은 사극이지만 〈스캔들〉(2003)처럼 멜로드라마일 수도 있고 〈최종병기 활〉(2011)처럼 액션일 수도 있으며, 〈불꽃처럼 나비처럼〉(2009)과 같이 둘 다일 수도 있습니다. 확실한 것은 이들 모두 우리가 익숙하게 봐왔던 장르 영화라는 것입니다.

4. 장르의 유용성

지금까지의 이야기만으로도 영화 장르가 잡힐 듯 잡히지 않는다고 느낄 수 있습니다. 그래서 어떤 이들은 장르 무용론을 말합니다. 그들의 주장은 이런 겁니다. '문제될 게 없는데 왜 문제 삼는가?' '분류해서 득 볼 게 없는데 무엇하러 분류하는가?' '장르를 몰라도 영화를 감상하는 데 아무 지장이 없지 않은가?' 아주 틀린 말은 아닙니다. 때로, 장르라는 틀에 가두는 것이 영화의 역동성을 저해할 수도 있습니다. 그래서 예술 영화를 지향하는 감독들이 장르 영화의 고정된 틀을 거부하는 것입니다. 이 말은 장르 영화보다 예술 영화가 우월하다는 뜻이 아닙니다. 그보다는 아무리 정형화된 장르 영화도 고정된 틀에 갇히게 될 때 식상함과 진부함에 빠질 수 있다는 말입니다.

장르 개념이 필요하지 않다는 주장도 있지만 장르는 여전히 유용한 개념입니다. 일단, 인간의 지적 능력이 산만하게 퍼져있는 사물과 대상들을 내버려두지 않습니다. 인간은 모든 개별 사실들을 원자화, 파편화 된 채로 인식하지 않습니다. 우리는 밥, 채소, 고기, 식수 등을 통틀어 음식이라 부릅니다. 마찬가지로 셔츠, 블라우스, 바지, 치마 등을 묶어서 의복이라 칭합니다. 이러한 개별 요소들의 공통점을 찾아내 추상화하는 것은 인간의 고유한 지적 능력입니다. 하위개념을 합하여 상위개념을 설정하고 상위개념을 나누어 하위개념을 내놓는 것은 모든 사물에 적용되는 것입니다. 영화도 그렇게 하지 말아야 할 이유가 없습니다.

이러한 추상적 이유 말고 더 실용적인 이유들도 있습니다. 먼저, 영화를 만드는 제작자 입장에서는 어떤 영화를 제작할지 결정하는 준거점이 됩니다. 특정한 영화 유형이 유행한다면 제작자는 그 특징이 무엇인지 파악하여 유사한 영화를 통해 상업적 성공을 노릴 겁니다. 제작자의 입장에서 유사한 영화를 만드는 것은 그런 영화를 선호하는 관객과의 약속 같은 것입니다. 또한, 특정 장르에 어울리는 스타를 캐스팅하거나 양성할 수도 있습니다. 예를 들어 오달수가 코미디 영화만 출연하는 것은 아니지만 그가 나올 때 우리는 코믹한 연기를 기대합니다. 감독이나 시나리오 작가 중에는 자신만의 장르에서 특별한 재능을 발휘하기도 합니다. 〈베테랑〉의 류승완 감독은 액션 전문 감독이라고 해도 과언이 아닙니다.

홍보 마케팅 입장에서도 장르는 편리합니다. 관객에게 줄거리와 내용을 구구절절 소개하지 않아도 대번에 인식시킬 수 있기 때문입니다. 카피 문구를 '호쾌한 액션과 감미로운 로맨스의 이중주'라고 쓴다면 관객은 적어도 액션과 로맨스라는 두 개의 장르가 결합됐다는 것을 알 수 있습니다. 특히, 장르 영화는 관객이 쉽게 이해하고 알아차릴 수 있는 하이 컨셉트(high concept)를 지향한다는 점에서 더욱 그렇습니다.

☞ **하이 컨셉트(high concept)**

단 몇 줄로 어떤 영화인지 설명할 수 있을 만큼 단순하고 명징한 특성을 말합니다. 예를 들어 〈인천상륙작전〉(2016)은 한국전쟁 당시 특수 임무를 수행하는 군인들의 활약과 조국애를 다룬 전쟁 영화라고 쉽게 설명 가능합니다. 반면 예술 영화에 해당하는 이창동 감독의 〈시〉(2010)를 단 몇 줄로 설명하기란 대단히 어렵습니다. 이를 로우 컨셉트(low concetp)라 합니다. 대체로 장르 영화는 하이 컨셉트, 예술 영화는 로우 컨셉트로 볼 수 있습니다.

기자, 비평가, 영화학자들의 경우 일차적으로 일일이 제목을 언급하지 않고 유형으로 묶어 설명할 수 있다는 장점이 있습니다. 이들이 하는 일이 개별 영화의 공통점을 끄집어내어 유형화하시키는 작업이라는 점에서 더욱 그렇습니다. 비평가와 학자는 영화 장르의 역사와 변천을 비평적·이론적으로 규명하고 장르와 사회가 맺는 관계를 해석함으로써 관객에게 더 풍부한 영화 보기의 실례를 제시할 수 있습니다. 어떤 비평가나 학자들은 장르 영화를 홀대하는 경향이 있으나 영화사의 위대한 걸작들 상당수는 장르 영화였다는 걸 기억해야 합니다. 〈대부 The Godfather〉(1972, 갱스터), 〈블레이드 러너 Blade Runner〉(1982, SF), 〈싸이코 Psycho〉(1960, 호러), 〈살인의 추억〉(2003, 스릴러) 등을 포함, 더 멀리 거슬러 올라가면 무성영화 시대를 수놓은 찰리 채플린(Charles Chaplin)의 걸작들은 코미디였습니다.

마지막으로 관객들에게 장르는 자신들이 보고 싶은(혹은 보고 싶지 않은) 영화를 찾는 하나의 방식입니다. 호러 영화를 보지 않는다고 말하는 관객은 으스스하고 두려움을 주는 영화가 호러 영화라는 것을 알기 때문에 그렇게 반응하는 것입니다. 또한, 관객은 장르를 인식함으로써 이전의 장르 관습과 새로운 혁신 사이의 긴장을 알아채는 재미를 누릴 수 있습니다. 늘 반복되기만 하면 지루하고 진부하지만 조금씩 변화를 주면 그 차이를 감지하는 재미가 있습니다. 이러한 재미를 극대화하는 관객들은 특정 장르의 팬덤(fandom)을 형성하기도 합니다. 특히, SF 영화와 호러 영화는 다른 장르보다 열성적인 팬들이 많은 것으로 유명합니다.

II. 장르, 스튜디오 시스템, 스타 시스템

1. 장르와 스튜디오 시스템

영화 장르의 형성을 이야기할 때 빼놓을 수 없는 것이 미국 영화 산업의 스튜디오 시스템입니다. 스튜디오 시스템이란 1920년대 형성되어 1950년대까지 지속되었던 미국 할리우드의 영화 산업 체제를 말합니다. 그 최전성기는 1930~40년대라고 할 수 있죠.

스튜디오 시스템의 가장 큰 특징은 영화를 상품으로 여겨 대량 생산이 가능하게 했다는 것입니다. 여러분은 공장에서 통조림 같은 가공식품이 셀 수도 없이 생산되는 것을 봤을 겁니다. 모든 상품은 동일한 형태를 취하고 있죠. 개성이라고는 생각할 수 없습니다. 1930~40년대 고전시기 할리우드는 영화 역시 그 비슷한 것으로 생각했습니다. 물론, 영화는 각각의 다른 감독, 시나리오 작가, 배우 등이 참여하기에 모든 영화가 같을 수는 없습니다. 다루고 있는 내용과 형식 역시 다를 수밖에 없죠. 하지만 관객들이 선호하는 영화는 몇 가지 구조와 패턴에 의존했습니다. 관객들이 어떤 영화에 열광한다면 그와 유사한 영화들을 상품화시켜 정형화한 것입니다. 엄밀히 말한다면 관객들이 여러 선택의 기회 속에서 자신이 선호하는 영화를 즐겼다기보다는 영화 산업이 특정 영화 경향을 선호하도록 이끈 것이라는 말입니다. 어쨌든 규격화한 스튜디오 시스템이 일군의 유사 영화들을 다량으로 양산하는 장르 시스템을 만들어낸 것입니다.

이것이 가능했던 것은 스튜디오 시스템이 일반 공장이나 회사처럼 소유주나 경영인이 절대적 통제권을 갖고 있었기 때문입니다. 그들은 영화를 예술이라기보다는 문화 상품으로 여겼습니다. 그들의 목적은 위대한 예술 작품을 제작하는 것이 아니라 돈이 되는 상품을 만드는 것이었습니다. 그들은 제작, 배급, 상영을 일원화하는 독과점 체계를 형성하였습니다. 이를 수직 통합(vertical integration)이라고 합니다.

☞ **수직 통합(vertical integration)**
한 영화사가 제작, 배급, 상영을 일원화하는 독과점 체계입니다. 1930~40년대에 이러한 체계를 형성한 영화사는 모두 5개였습니다. 파라마운트, MGM, 워너 브러더스, 20세기 폭스, RKO가 그것입니다. 이들을 가리켜 빅 파이브(Big 5)라 칭했습니다. 한편, 제작과 배급은 갖췄으나 상영체계를 갖추지 못했던 유니버설, 콜럼비아, 유나이티드 아티스트를 리틀 쓰리(Little 3)라고 불렀습니다. 통상 빅 파이브를 메이저, 리틀 쓰리를 마이너라 명명하는데, 이 8대 영화사에 속하지 않는 소규모 영화사는 독립 제작사로 불렸습니다. 새뮤얼 골드윈 프로덕션, 월트 디즈니사, 리퍼블릭, 모노그램 등이 있었습니다.

스튜디오 시스템 하에서 영화인들은 예술가가 아니라 일종의 기술자들이었습니다. 이는 촬영, 조명, 편집 등 기술 스태프만 해당하는 것이 아니었습니다. 영화감독이나 시나리오 작가들도 마찬가지였습니다. 어느 장르에서 특별한 재능을 발휘한 감독이나 시나리오 작가는 그 장르에 특화되었습니다. 이들은 창조적 개성을 추구하는 자율적 환경보다는 철저히 분업화된 체계 내에서 일했고, 중앙 집중화한 경영진의 통제를 받았습니다. 내부 시사회에서 경영진의 마음에 들지 않으면 잘려나가기 일쑤였습니다. 대중의 입맛에 안 맞을 거라거나 대중의 눈높이를 고려하지 않는다는 이유에서였습니다. 그렇기에 대부분의 영화들은 예술가의 개성이 아니라 대량생산 시스템의 표준화에 맞춰졌습니다. 제작자들은 손해 보지 않기 위해 모든 조치를 취했습니다. 극장주가 영화도 보지 않고 미리 사도록 강제하는 맹목 입찰(blind bidding), 제작비가 많이 드는 A급 영화를 팔면서 저렴한 B급 영화를 끼워 파는 블록 부킹(block booking) 등은 당시 대형 스튜디오들의 관행이었습니다.

그러나 이렇게 통제된 시스템이 나쁜 결과만 가져온 건 아니었습니다. 할리우드는 상업적 목적에서이긴 하지만 무엇이 관객들을 즐겁게 만드는지를 이 시스템을 통해 터득했습니다. 그들은 통조림, 자동차 같은 공산품이 아니라 대중이 원하는 꿈을 만들었습니다. 할리우드를 '꿈의 공장(dream factory)'이라 부르는 이유입니다. 특히, 1930~40년대는 대공황기와 제2차 세계대전의 시기였습니다. 이 어려운 시대에도 영화 산업은 활황이었습니다. 아니, 관객은 오히려 빈곤한 현실을 영화 속에서 위안 받았습니다. 그들은 〈세인트루이스에서 만나요. Meet Me in St. Louis〉(1944)같은 MGM의 화려한 뮤지컬에서 현실의 시름을 잊기도 하고, 워너 브러더스의 전매특허였던 갱스터 영화 〈스카페이스 Scarface〉(1932)에서 반사회적 영웅으로 떠오른 갱단에 열광하기도 하며, 유니버설의 호러 영화 〈드라큘라 Dracula〉(1931)에서 이국적이고 원초적인 공포의 경험을 즐겼습니다.

☞ **B급 영화**

B급 영화(B-movies)란 고전적 할리우드 시기 스타가 출연하는 값비싼 A급 영화(A-movies. 이를 'prestige film'이라고도 함)와 함께 끼워 팔던 저렴한 영화를 말합니다. 한 편의 값으로 두 편을 보는 동시상영 형태입니다. 모노그램이나 리퍼블릭 같은 소규모 독립 제작사들은 스타가 등장하지 않는 스릴러나 웨스턴 등 B급 영화만을 제작했습니다.

고전적 할리우드 시기 이후 B급 영화는 동시상영하는 끼워 팔기 영화가 아니라 저예산 장르 영화들을 가리키는 말이 되었습니다. 특히, 관객의 흥미를 끌기 위해 야하고 충격적인 소재나 장면을 선정적으로 이용하는 선정 영화(exploitation film)는 B급 영화와 거의 동의어로 여겨졌습니다. 1950~60년대의 SF 영화나 호러 영화는 주류 장르로 진입하기 전 B급 영화로 인식됐습니다. 판타지 영화의 천재 팀 버튼(Tim Burton) 감독이나 액션 영화의 악동 쿠엔틴 타란티노(Quentin Tarantino) 감독은 이런 B급 영화, 선정 영화로부터 많은 자양분을 얻어 자신의 영화에 녹여 왔습니다. 한국의 박찬욱, 김지운, 류승완 감독 등도 B급 영화에 대한 자신들의 애정을 피력한 바 있습니다.

2. 장르와 스타 시스템

관객들은 또한 영화 속 스타들에게 열광했습니다. 스타 현상이 영화사 초기부터 있었던 건 아닙니다. 처음에 관객은 움직이는 사진 자체가 너무나 신기하여 그것만으로도 만족했습니다. 그러나 늘 똑같은 것은 싫증을 낳았고 관객의 구미를 끌기 위해 영화에 이야기가 덧입혀졌습니다. 처음에 현실의 기록이었던 영화가 허구의 이야기를 만나 극영화가 됐지만 아직 스타는 나타나지 않았습니다. 스타는 영화 탄생 후 20년 정도 지난 1910년대 중반에야 등장했습니다. 오늘날의 영화와 달리 이 당시만 해도 영화에 배우의 이름은 자막에 넣지 않았습니다. 그럼에도 관객들은 한 배우가 여러 영화에 출연하는 것을 알아봤고 이름도 모르는 그 배우에게 별명을 붙여주기도 했습니다. 예를 들어, 바이오그래프(Biograph) 영화사 소속의 플로렌스 로렌스(Florence Lawrence)는 '바이오그래프 걸'이라 불렸습니다. 자막을 넣으면 개런티를 더 줘야 해서 처음엔 꺼렸던 영화사들이 차츰 배우의 이름을 자막에 넣기 시작했습니다. 개런티를 더 주더라도 그들을 상품화시켜 얻는 이익이 크다고 생각한 것이죠. 이제 배우들은 널리 이름을 알리는 스타가 되었습니다. 우리가 잘 아는 코미디의 제왕 찰리 채플린은 바로 그 시기에 등장한 최초의 스타 중 한 사람입니다.

고전적 할리우드 스튜디오 시스템 시기를 거치며 스타의 명성은 더욱 더 커갔습니다. 그들은 언론지상을 장식했고 각종 행사에 모습을 드러내 관객을 흥분시켰습니다. 팬 매거진은 인터넷은 커녕 텔레비전도 없던 시절 팬들이 스타의 모든 것을 알 수 있는 통로였습니다. 거기에는 그들의 거주 공간, 취미, 연애 문제에서 기르는 동물까지 없는 것이 없었습니다. 없는 사실조차 만들고 포장하는 것이 스타를 둘러싼 영화 산업의 생리였습니다. 그들이 현실 세계에서 어떤 인물인지는 중요하지 않았습니다. 스타는 실제 인물이라기보다 여러 매체를 통해 만들어진 인공적인 가공물이었습니다. 스타의 이미지는 사생활 루머, 가십, 아름답게 꾸며진 외모, 반복적으로 연기하는 인물상 등으로 구축되었습니다.

그러나 스타들이 부와 명성, 자유만 누린 것은 아니었습니다. 그들은 스튜디오 시스템의 한 부속품이었습니다. 영화감독, 시나리오 작가, 촬영·편집·조명 등의 기술 스태프 등이 모두 스튜디오에 전속계약을 했던 그 시대에 스타도 예외가 아니었습니다. 오늘날 배우들은 영화사가 아니라 연예기획사(entertainment agency)에 소속돼 영화사와 편당 계약을 하지만 당시 배우들은 영화사의 전속 배우들이었습니다. 예를 들어 7년 계약을 하면 7년 동안 소속 영화사 영화만 찍는 것이 원칙이었습니다. 다른 영화사 영화에 출연하려면 소속 영화사의 허락이 있어야 했습니다.

영화사들은 스타들의 이미지를 특정 장르와 결합시켰습니다. 존 웨인(John Wayne)은 수많은 웨스턴 영화에서 미국 서부 사나이의 상징이 되었습니다. 대공황 시절 우아한 춤 동작으로 관객

〈스윙 타임〉(1936)의 프레드 아스테어와 진저 로저스

들을 황홀하게 만든 프레드 아스테어(Fred Astaire)와 진저 로저
스(Ginger Rogers)는 남녀 간의 로맨스를 다룬 뮤지컬에서 늘 낭
만적인 커플을 연기했습니다. 험프리 보가트(Humphrey Bogart)
는 갱스터와 필름 누아르 등 범죄 영화의 아이콘이었습니다. 이
렇게 형성된 스타 이미지를 스타 페르소나(star persona)라고 부
릅니다. 스타 페르소나가 영화 속 이미지에만 국한하는 것은 아
닙니다. 그가 여러 매체를 통해 보여주거나 팬들과의 만남 속에
서 보여주는 현실의 자신도 물론 이미지의 한 축을 차지합니다.
그러나 배우의 스타 페르소나의 상당 부분은 영화를 통해 만들어
지고 특히 그가 주로 연기한 장르에서 비롯됩니다. 스타들이 한
장르에만 출연한 것은 아니지만 그/그녀의 스타성은 특정 장르에
서 빛을 발한 것입니다.

　이러한 현상은 고전적 스튜디오 시스템 시기에 가장 성행했지

만 이후에도 계속 이어졌습니다. 1990년대의 줄리아 로버츠(Julia Roberts), 멕 라이언(Meg Ryan), 산드라 블록(Sandra Bullock)은 로맨틱 코미디 장르의 빅 쓰리라고 해도 과언이 아닙니다. 실베스터 스탤론(Sylvester Stallone)과 아놀드 슈왈제네거(Arnold Schwarzenegger)는 액션 영화와 따로 떼어 설명할 수 없습니다. 〈익스펜더블 The Expendables〉 시리즈(2010~2014)는 액션 히어로로서의 그들의 과거 이미지에 기대고 있기도 합니다. 이것은 할리우드에 국한하지 않습니다. 홍콩이 낳은 세계적 스타 이소룡(李小龍)과 성룡(成龙) 역시 액션 장르와 불가분의 관계에 있습니다. 한국도 예외가 아닙니다. 1990년대에 박중훈은 코미디에서, 최민수는 액션에서 맹활약을 했습니다. 작고한 최진실은 로맨틱 코미디와 멜로드라마의 아이콘이었습니다. 이후 김정은, 김선아, 김하늘 등 로맨틱 코미디는 여성 스타의 산실이었습니다. 근래에 올수록 영화보다 TV드라마에서 황정음(〈그녀는 예뻤다〉, 2015), 서현진(〈또 오해영〉, 2016), 정소민(〈이번 생은 처음이라〉, 2017, 〈엄마친구아들〉, 2024) 등이 이 장르에서 발군의 재능을 보여주고 있습니다.

고전적 할리우드 스튜디오 시스템은 1948년 독과점 금지를 골자로 하는 파라마운트 판결로 붕괴되었습니다. 제작, 배급, 상영의 수직 통합은 불법이 되었습니다. 그 이후로 할리우드는 많은 변모를 겪긴 했지만 정형화되고 표준적인 영화 패턴, 즉 장르 영화를 제작한다는 면에서는 변하지 않는 전통을 이어오고 있습니다. 비록 그 정형화와 표준화의 기준은 조금씩 달라졌지만 말입니다. 스타 시스템 역시 전속배우 체제가 무너지고 독립적인 연예기획사로 이전됐지만 여전히 스타는 영화의 중요한 흥행 요소입니다. 그리고 그러한 스타의 이미지를 형성하는 데 장르가 지대한 역할을 한다는 것 역시 변치 않는 사실입니다.

☞ **파라마운트 판결(Paramount Decision)**

1948년 미 대법원이 독과점에 반대하는 독립 상영관의 요구를 받아들여 대형 스튜디오들의 독과점을 불법으로 판결한 것을 말합니다. 이 판결로 파라마운트, MGM, 20세기폭스 등 대형 스튜디오는 어쩔 수 없이 제작과 배급을 상영과 분리시키게 됩니다. 자사 소유의 극장체인을 독립적인 소유자에게 팔거나 운영권을 넘기는 형태로 말이죠. 이러한 작업은 1950년대까지 서서히 진행됐고 대략 1960년대에 오면 고전적 스튜디오 시스템은 종말을 고하게 됩니다.

III. 장르의 역사와 사회

    앞의 두 장에서 영화 장르의 정의, 개념, 특성 등의 일반론과 장르, 스튜디오 시스템, 스타 시스템의 산업적 관계를 알아봤다면, 이 장에서는 약간 이론적이고 학술적인 내용을 다뤄볼까 합니다. 그러나 지레 어렵고 딱딱할 거라 겁먹을 필요는 없습니다. 이 장에서 다루는 이론들은 영화 장르를 통해 우리가 살고 있는 사회를 어떻게 바라볼 수 있는지 가르쳐 줍니다. 물론, 여느 예술 이론이 그렇듯 정답이란 있을 수 없습니다. 여러분이 스스로 파악해야만 하는 것입니다.

    이 장에서 다룰 문제는 크게 세 가지입니다. 첫째, 장르의 진화 문제입니다. 과연 장르는 형성, 발전, 쇠퇴, 소멸, 부활 등의 과정을 거치며, 이는 모든 장르에 해당하는가 하는 것입니다. 둘째, 장르는 사회와 어떤 관계에 있는가 하는 문제입니다. 어떤 이들은 장르 영화가 대중의 욕망을 능동적으로 반영하는 매개체라고 주장하기도 합니다. 반대로 장르 영화가 영화 산업과 자본의 독약이며 장르 영화에 물든 관객은 소비주의의 포로라고 주장하기도 합니다. 이는 각각 제의적 접근과 이데올로기적 접근으로 나눠 볼 수 있습니다. 셋째, 최근 영화 장르 연구의 최신 경향을 살펴보는 것입니다. 장르의 정의나 개별 장르의 특성 문제로 시작한 장르 연구는 장르와 사회의 관계를 규명하는 것을 지나, 장르의 역사적 맥락을 탐구하는 방향으로 나아가고 있습니다. 영화사의 정책, 홍보마케팅, 저널리즘의 역할, 국가의 개입, 관객의 수용 등을 당대의 관점으로 장르가 생산되고 소비된 맥락을 탐구하는 것입니다. 이는 영화 텍스트의 차원을 넘어서는 컨텍스트적 연구라 할 수 있습니다.

1. 장르의 진화와 변화

오늘날 최첨단 과학기술로 무장한 할리우드 SF 영화에 익숙한 관객이 수십 년 전 SF 영화를 본다면 다소 조잡한 기술에 코웃음을 칠 수도 있습니다. 그만큼 SF 장르가 과학기술의 발전에 따라 진화해 왔다는 것을 알 수 있습니다. 그러나 장르의 진화가 꼭 기술적 발전에 따른 시각적 볼거리의 발전을 가리키는 것만은 아닙니다. 그보다는 장르 내에서 관객의 흥미를 끄는 방식, 즉 스토리와 주제의 복잡화, 카메라워크나 편집기술 등 스타일의 발전, 보다 사실주의적 연기로의 진화 등 내용과 형식을 둘러싼 모든 것을 말합니다.

이렇게 봤을 때 장르가 진화해 왔는가라는 물음에 답하는 것은 쉽지만은 않습니다. 토머스 샤츠(Thomas Schatz)는 앙리 포시용(Henri Focillon)이 예술의 진화를 설명하기 위해 제시한 개념을 영화 장르에 도입합니다. 앙리 포시용은 예술을 실험(experimental) 단계, 고전(classic) 단계, 세련화(refinement) 단계, 바로크(baroque) 단계로 나누었습니다.[1] 실험 단계가 말 그대로 어떤 결과를 가져오기 위해 실험을 하고 뭔가를 형성해 내는 단계라면, 고전 단계는 이것이 관객에게 하나의 장르로 인식되는 단계라 할 수 있습니다. 웨스턴을 예로 든다면, 관객은 실험 단계에서 아직 웨스턴의 특징을 다 간파하지 못하지만 고전 단계에 오면 스토리와 주제, 시대적 배경, 공식·관습·도상 등을 파악합니다. 선한 총잡이가 무법자나 잔인한 '인디언(북미 원주민 native American)'을 응징하고 공동체의 질서를 회복시킨 후 표표히 떠나는 등 정형화된 패턴이 관객에게 투명하게 전달되는 단계이기도 합니다. 그러나 세련화 단계에 들어서면 불균질적인 요소들이 끼어듭니다. 웨스턴의 선한 영웅은 신경증적인 성격을 드러내고 심지어는 반사회적인 면모를 보이기도 합니다. 마지막 바로크 단계에 들어가면 이제 모든 것이 해체되고 거부됩니다. 서부의 규율과 공동체의 질서는 온데 간 데 없고 폭력과 협잡이 난무하며 정의의 사나이는 현상금 사냥꾼으로 대체됩니다. 더 이상 인디언은 백인을 해치는 악당이 아니라 반대로 백인들에게 학살

---

1) 토머스 샤츠, 『할리우드 장르: 내러티브 구조와 스튜디오 시스템』, 한창호·허문영 역, 컬처룩, 2014, 78~79쪽.

당하는 소수민족으로 그려지죠. 더 나아가 웨스턴의 공식과 관습을 전면적으로 비틀고 패러디하는 코믹 웨스턴이 등장하기도 합니다. 이것을 바로크적 단계라 부르는 것은 바로크가 고전주의의 균형, 조화, 논리성을 무시하고 우연성, 자유분방함, 기괴함을 강조하기 때문입니다.

학자들마다 논쟁의 여지는 있지만 웨스턴 장르는 비교적 이러한 진화 단계를 충실히 거쳐 온 것 같습니다. 그러나 모든 장르가 이에 해당하지는 않습니다. 할리우드에서 웨스턴은 1920년대부터 1960년대까지 꾸준히 제작돼 왔지만 1930년대 다량으로 제작됐던 갱스터는 1940년대 이후에는 하강 국면을 걷습니다. 1940년대에 전성기를 맞았던 필름 누아르는 1950년대 중반 이후 거의 자취를 감췄다가 1970년대에 이르러 네오 누아르(neo-noir)로 부활되죠.

이는 비단 할리우드만의 현상이 아닙니다. 한국 영화사에서 호러 영화는 1960년대에 본격적인 장르로 형성됩니다. 〈백사부인〉(1960), 〈살인마〉(1965), 〈목없는 미녀〉(1966), 〈월하의 공동묘지〉(1967) 등이 나왔던 이 당시에 호러 영화는 고부간의 갈등이나 처첩 갈등 등 가부장제의 억압과 천대 속에서 신음하는 여성들의 원한이 주를 이뤘습니다. 이 여성들의 원한이 여귀의 형태로 등장하는 거죠. 그러나 1970년대 이후 한국의 호러 영화는 내리막길에 접어듭니다. 그리고 이때부터 1990년대까지는 〈전설의 고향〉같은 TV드라마에 자리를 내줍니다. 1990년대 후반

〈월하의 공동묘지〉(권철휘 감독, 1967)

〈여고괴담〉(1998)이 상업적 성공을 거두면서 재생할 때까지 한국에서 호러 영화는 변두리 영화관에서 상영하는 B급 영화가 아니라면 거의 볼 수 없었습니다. 1960년대에 르네상스를 맞이했던 사극 영화 역시 1970년대부터 서서히 쇠퇴의 길을 걷다가 1980~90년대에는 별로 만들어지지 않았습니다. 이 역시 〈조선왕조 500년〉같은 TV사극 드라마에 관객을 뺏긴 결과라고 할 수 있습니다. 이렇게 봤을 때 모든 장르가 실험 → 고전 → 세련 → 바로크 단계라는 선형적이고 진화적인 과정을 거친다고 말하기 어렵습니다. 몇 안 되는 장르는 꾸준히 제작되지만 대부분의 장르는 부침을 거듭하는 현상을 보여줍니다. 서서히 쇠퇴하는 장르가 있는가 하면 어느 한순간 단절되다시피 하는 장르도 있습니다.

그럼에도 한 가지 분명한 사실은 단절되었던 장르가 다시 부활할 때 결코 이전의 형태와 같지는 않다는 것입니다. 〈여고괴담〉 이후 한국의 호러 영화가 더 이상 전통적 가부장제에 신음하는 여귀의 서사가 아니라 입시, '왕따', 외모 지상주의, 부동산 문제 등 동시대 사회 이슈와 결부된 것만 봐도 알 수 있습니다.

그렇다면 우리는 이런 질문을 던져볼 수 있습니다. 장르의 역사는 어떤 식으로 변화하는가? 이는 내적인 요인과 외적인 요인으로 나눠 설명할 수 있습니다. 내적인 요인은 영화 내에서 일어나는 내용과 형식의 변화입니다. 어떤 영화라도 처음에는 현실 세계를 모방하고 거기에서 소재를 가져옵니다. 그러나 일단 반복과 정형화를 거치고 나면 그 자신의 내적 논리를 만들어냅니다. 장르가 발전함에 따라 점차 자신의 고유한 리얼리티를 갖게 된다는 것입니다. 웨스턴은 19세기 후반~20세기 초의 미국 서부를 스크린에 가져왔지만, 실제 그 시대의 서부 사나이들은 흰 모자를 쓰거나 박차가 달린 가죽 구두를 신지 않았으며, 대로변에서의 결투도 거의 벌어지지 않았습니다. 웨스턴 장르가 정형화의 패턴을 따르면서 현실 세계와 무관하게 장르 자체의 논리를 구성해낸 것이죠.[2]

그러나 이 역시도 정체되어 있지 않고 끊임없이 변화합니다. 늘 반복되고 진부한 공식과 관습에만 의존한다면 관객은 금방 싫증을 냅니다. 그렇기에 감독이나 시나리오 작가들은 관습의 틀을 유지하면서도 뭔가 색다른 것을 시도하게 됩니다. 반복 속에서도 차이를 만들어내는 것이죠. 예를 들어 좀비 캐릭터의 진화를 생각해 볼까요? 처음에 좀비들은 뛰지도 못하고 느리게 절뚝거리

---

2) 토머스 샤츠, 앞의 책, 76쪽.

며 걸었습니다. 〈살아있는 시체들의 밤 Night of the Living Dead〉(1968)같은 고전적인 좀비 영화를 보면 알 수 있습니다. 그러나 〈28일 후 28 Days Later〉(2002), 〈월드워 Z World War Z〉(2013)에서는 좀비가 빠르게 뛰기도 하고 〈웜 바디스 Warm Bodies〉(2013)에 오면 심지어 사랑의 감정을 느끼기도 합니다.

한 장르의 내적 변화뿐 아니라 장르와 장르가 만나 혼합(hybrid)을 이루기도 합니다. 〈카우보이 & 에이리언 Cowboys & Aliens〉(2011)은 제목 자체가 두 장르의 혼합이라는 것을 말해줍니다. 카우보이가 웨스턴을 상징한다면 에이리언은 SF 영화를 가리킵니다. 한국 영화 〈달콤, 살벌한 연인〉(2006)은 로맨틱 코미디와 범죄 스릴러를 결합하고 있죠. 〈오싹한 연애〉(2011) 역시 전체적으로는 로맨틱 코미디의 공식을 가져오면서 빈번하게 호러 영화의 관습에 기댑니다. 〈엑시트〉(2019)와 〈싱크홀〉(2021)은 재난 영화이면서도 심각하지 않은 코미디의 색깔을 띠고 있죠.

외적인 변화는 기술적 변화, 산업적 변화, 정치사회적 변화 등으로 나눠 볼 수 있습니다. 기술적 변화는 앞서 잠깐 거론했던 SF 영화를 예로 들 수 있습니다. 수십 년 전 SF 영화에 등장하는 과학기술은 오늘날 많은 부분 현실이 되었습니다. 가령 〈2001 스페이스 오디세이 2001: A Space Odyssey〉(1968)에는 화상통화가 등장하는데 당시에는 아직 상용화하지 않은 첨단기술이었지만, 오늘날 이는 현실이 되었습니다. 2013년 작 〈그녀 Her〉는

AI와 사랑에 빠지는 남성을 다룬 영화로, 당시엔 SF적 설정이었지만 현재엔 충분히 가능한 이야기입니다. 판타지 영화도 마찬가지입니다. 마법이 현실화할 가능성은 없지만 그것을 재현하는 특수 시각효과는 기술의 발전이 없다면 불가능한 것입니다. 〈반지의 제왕〉 시리즈(2001~2003)가 원작이 나온 지 반세기가 다 돼서야 본격적인 영화화가 가능했던 이유입니다. 같은 시기에 나온 〈해리 포터〉 시리즈와 함께 〈반지의 제왕〉은 이후 〈나니아 연대기 The Chronicles of Narnia〉 시리즈(2005~2010)를 비롯한 판타지 장르의 부흥을 가져왔습니다.

기술적 변화가 없던 장르를 만들어내기도 합니다. 1920년대 후반 할리우드에서 사운드의 도래는 뮤지컬이라는 장르를 탄생시켰습니다. 물론 무성영화에도 덧입혀지는 음악과 일부의 음향효과 등 소리(sound)는 있었습니다. 그러나 사람의 목소리는 유성영화(talkie) 이후의 현상이었죠. 뮤지컬은 당연히 사람이 나와 노래하는 것이니 유성영화 이후의 장르입니다. 갱스터 영화의 기원은 무성영화 시대로 거슬러 올라가지만 유성영화가 등장한 후에야 인기 장르가 되었습니다. 영화 속에 자주 나오는 기관총 소리나 자동차 바퀴 끌리는 소리는 무성영화 시대라면 실감이 나지 않았을 것이 분명합니다.

산업적 변화는 자본의 흐름과 관객의 호응에 따라 좌우됩니다. 앞서 논한 파라마운트 판결은 할리우드 산업에 많은 변화를 가져왔습니다. 마침 미국 가정에 텔레비전이 보급되면서 할리우드는

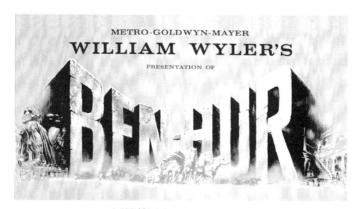

〈벤허〉(윌리엄 와일러 감독, 1959)

산업적·기술적 변화를 꾀했습니다. 1950년대 이후 화면 비율을 가로로 넓히는 와이드스크린의 개발과 함께 엄청난 물량을 자랑하는 대작 중심의 영화가 텔레비전과 차별화하면서 나왔습니다. 이때 부상한 장르가 에픽(epics)입니다. 에픽은 무성영화 시절에도 있었지만 이 시기에 와서야 장르로 확립했다고 해도 과언이 아닙니다. 고대 그리스·로마와 성서에 기반을 둔 수많은 스펙터클 영화가 양산됐습니다. 〈성의 The Robe〉(1953), 〈십계 The Ten Commandments〉(1956), 〈벤허 Ben-Hur〉(1959) 등이 당시 에픽의 대표작들입니다. 그러나 1960년대 이후 에픽은 사양길에 접어듭니다. 점점 젊어진 관객들은 이런 영화들을 고루하다고 느꼈고 이 장르는 20세기폭스사를 문 닫기 직전까지 몰고 간 〈클레오파트라 Cleopatra〉(1963)의 대실패 이후 쇠락합니다. 〈글래디에이터 Gladiator〉(2000)로 다시 부활하기까지 사반세기가 넘게 걸렸죠.

☞ 에픽, 코스튬 드라마, 역사 영화, 시대극

한국에서 통칭 사극이라 불리는 장르가 할리우드로 가면 좀 복잡해집니다. 대략 네 가지로 나눌 수 있는데 이 역시 배타적이지 않고 서로가 서로를 포함할 수 있습니다.

1) 에픽(epics): 고대 그리스 · 로마 시대나 성서, 중세 기사도 전설 등을 배경으로 화려한 스펙터클이 중심이 되는 대작 영화입니다. 장르가 아닌 넓은 의미로 쓰일 때는 장대한 규모로 수십 년에 걸친 오랜 시기를 다룬 영화들을 통칭(이때는 사가saga라는 의미와 유사)하기도 합니다. 이런 의미로 쓰이면 〈바람과 함께 사라지다 Gone with the Wind〉(1939)나 〈대부 The Godfather〉 시리즈(1972~1990)도 에픽입니다.

2) 코스튬 드라마(costume drama): 에픽이 장대한 서사극이란 뜻으로서 이야기의 규모를 가리킨다면 코스튬 드라마는 말 그대로 의상이라는 시각적 요소에 중심을 둡니다. 물론, 현대 의상이 아닌 고대, 중세, 근대의 의상들이죠. 그런 점에서 고대, 중세를 배경으로 한 에픽은 또한 코스튬 드라마라고 할 수 있습니다. 또한 근대~20세기 초를 배경으로 한 멜로드라마(제인 오스틴(Jane Austen) 원작의 〈센스 앤 센서빌리티 Sense and Sensibility〉, 1995, 〈오만과 편견 Pride & Prejudice〉, 2005)나 액션 영화(〈캐리비안의 해적 Pirates of the Caribbean〉 시리즈, 2003~2011)도 코스튬 드라마입니다.

3) 역사 영화(historical film): 실제 역사를 배경으로 한 영화를 가리킵니다. 이 점에서 고대를 배경으로 한 〈패션 오브 크라이스트 The Passion of the Christ〉(2004)나 20세기의 케네디(John F. Kennedy) 암살사건을 다룬 〈JFK〉(1991) 역시 역사 영화라 할 수 있습니다. 5 · 18민주화운동을 다룬 〈화려한 휴가〉(2007), 〈택시운전사〉(2017) 또한 가까운 과거를 배경으로 한 역사 영화입니다. 'historical film'을 번역하면 역사 영화, 역사극이고 이를 줄이면 사극이 됩니다. 그러나 한국에서 사극은 좀 다른 의미입니다. 우리는 〈명량〉(2014)을 사극이라 칭하는 데 주저할 필요가 없지만 〈화려한 휴가〉를 사극이라 하지는 않습니다.

4) 시대극(period film): 코스튬 드라마보다는 좀 더 가까운 과거를 배경으로 한 영화를 말합니다. 이렇게 본다면 한국 영화에서 조선시대를 배경으로 한 〈광해, 왕이 된 남자〉(2012)는 코스튬 드라마이지만 일제강점기를 배경으로 한 〈암살〉(2015)이나 〈아가씨〉(2016)는 시대극에 가깝습니다. 그러나 시대극이라는 용어는 또한 일본에서

온 '지다이게끼(時代劇)'의 번역어이기도 한데, 이때 시대극은 메이지 유신(1868) 이전을 배경으로 한 영화이기에 한국의 사극과 다를 바 없는 의미입니다. 또한, 어떤 학자들은 한국적 의미의 사극과 시대극을 나눠 사용하기도 합니다. 사극이 현대 이전에 실재했던 역사를 다룬다면 시대극은 그렇지 않다는 것입니다. 그러므로 〈고산자, 대동여지도〉(2016)는 실재했던 역사이기에 사극이고, 〈춘향뎐〉(2000)은 시대극이라는 겁니다. 그러나 이런 용어의 구분은 연구자들 간의 합의가 이루어지지 않았습니다.

머리가 터질 지경이죠? 이렇게 장르를 정의하는 것은 지난한 일인 것 같습니다. 번역에 따라 뜻이 달라지기도 하고, 서로를 포함하다가도 배제하며, 같은 것 같으면서도 다르고, 이 정의에는 들어맞다가도 저 정의에선 빠져버리니 말이죠.

마지막으로 정치사회적 변화입니다. 영화 장르는 사회를 반영하기도 하고 역으로 사회를 재구성하기도 하는 등 사회와 불가분의 관계에 있습니다. 웨스턴이 단계별로 진화를 해왔다고 인정하더라도 1970년대 이후 급격히 쇠락했다는 사실은 부정하기 어렵습니다. 이는 위에서 언급한 에픽도 마찬가지입니다. 이 장르들의 쇠락은 단지 이윤 창출에 실패했다는 산업적 요인만으로는 설명되지 않습니다. 관객이 왜 이런 장르를 더 이상 보러가지 않을까를 생각해 봐야 합니다. 웨스턴과 에픽이 하강세를 보이는 1960년대 중후반은 미국 역사상 가장 급진적인 시대였습니다. 베트남 반전 운동, 흑인 민권 운동, 학생 운동, 여성·성소수자 해방운동, 히피들의 반문화(counter-culture) 운동 등이 거리와 광장에 넘쳐났습니다. 영화 관객이기도 한 이 젊은이들은 선한 백인 총잡이가 잔인한 인디언을 응징하는 미국의 '건국 신화'를 더 이상 믿지 않았습니다. 오히려 미국의 역사는 인디언에 대한 백인들의 학살의 역사임을 주장했습니다. 웨스턴은 더 이상 정통을 고집할 수 없었고 인디언의 관점에서 이야기를 서술하거나 인디언 학살을 전면에 그리는 수정주의 웨스턴이 등장했습니다. 〈작은 거인 Little Big Man〉(1970), 〈솔저 블루 Soldier Blue〉(1970) 등의 영화가 그것입니다. 그러나 이런 영화들조차 1970년대 이후로는 급격히 줄어듭니다. 새로운 시각의 급진적 문화가 웨스턴이 만들어 낸 건국 신화를 해체한 것입니다.

　에픽 역시 같은 맥락에서 볼 수 있습니다. 1950년대 할리우드 에픽은 단지 와이드스크린 같은 산업적·기술적 변화의 산물만은 아닙니다. 그 시대는 2차 대전 이후 전승국으로서의 미국의 높은 위상과 유례없는 경제 호황이 맞물린 팍스 아메리카나(Pax Americana)의 시대였습니다. 사회주의 진영을 대변하는 소련에 맞서 자본주의 진영의 수장으로서 미국은 초강대국으로 부상했습니다. 말하자면, 정치사회적으로 에픽은 이런 미국 패권주의를 반영하는 장르였습니다. 에픽의 시대인 팍스 로마나(Pax Romana)가 20세기 할리우드로 이전했다고 해도 과언이 아닙니다. 그리고 웨스턴의 쇠퇴와 마찬가지로 1960년대 중후반 미국의 전통적·보수적·패권적 가치들이 의문시될 때 에픽 역시 자신의 관객을 잃어버린 겁니다. 이와 같은 현상은 〈사운드 오브 뮤직 The Sound of Music〉(1965) 같은 고전적 뮤지컬이 왜 10년도 되지 않아 〈지저스 크라이스트 슈퍼스타 Jesus Christ Superstar〉

(1973) 같이 저항적인 록 뮤지컬로 대체되었는지를 보면 알 수 있습니다.

한국 영화의 경우도 마찬가지입니다. 1990년대 좀처럼 볼 수 없었던 스릴러 장르가 2000년대 이후 주류 장르가 된 것은 사회 현상과 무관하지 않습니다. 각종 흉악범죄는 늘어나고 그것을 선정적으로 다루는 언론의 보도 역시 그 강도가 지나치다 싶을 정도입니다. 대중매체는 한국 사회를 치안과 공권력이 부재한 사회로 그립니다. 영화는 여기에 더해 자신의 몸은 오직 자신만이 보호할 수 있고, 국가가 법으로 다스릴 수 없다면 사적 복수에 의존할 수밖에 없다는 인식을 조장합니다. 〈오로라 공주〉(2005), 〈아저씨〉(2010), 〈악마를 보았다〉(2010) 같은 스릴러가 그 예입니다. 물론, 이것은 영화가 극적 긴장을 고조시키고 관객의 흥미와 쾌락을 최대치로 이끌기 위한 한 방편이지만, 우리 사회가 그만큼 신자유주의의 '시대정신'인 각자도생의 논리에 젖어 있다는 방증이기도 합니다.

전쟁·분단 영화의 성격 변화도 정치사회적 흐름과 무관하지 않습니다. 김대중, 노무현 정권 시절 나온 〈공동경비구역 JSA〉(2000), 〈태극기 휘날리며〉(2004), 〈웰컴 투 동막골〉(2005) 등은 북한을 우호적으로 그리거나 적어도 적으로만 그리지 않으려는 가능성을 보여줬습니다. 이것을 두 정권의 햇볕정책 탓으로 돌리는 것은 지나친 사회적 환원론이지만 그럼에도 그 시대를 지배하는 정서가 영화 장르에 스며든 것을 부정하기는 어렵습니다.

반면, 이명박, 박근혜 정권 시기에 나온 〈포화 속으로〉(2010), 〈알투비: 리턴투베이스〉(2012), 〈연평해전〉(2015), 〈인천상륙작전〉(2016) 등은 북한을 명백한 적으로 재현하면서 조국을 위해 헌신하고 희생한 군인들의 애국심을 지상(至上)의 가치로 추앙합니다. 이것이 정권의 강경한 대북정책과 전혀 무관하다고 말하기는 어려울 겁니다. 〈고지전〉(2011)이나 〈적과의 동침〉(2011), 〈서부전선〉(2015)처럼 반전적 메시지나 북한과의 화해를 강조하는 영화가 없었던 것은 아니지만 주류였다고 보기 힘들죠.

이제 우리는 영화 장르가 사회와 얼마나 큰 관련이 있는지 알게 되었습니다. 그렇다면 이제는 장르를 통해 사회를 진단하는 두 가지 접근방식을 통해 한 걸음 더 나아가 보려고 합니다.

2. 통합과 갈등: 제의적 접근과 이데올로기적 접근

근대 이전의 사회에서 사람들은 어려운 일이 있을 때 주술적인 것에 많이 기대었습니다. 비가 오지 않을 때 기우제를 지낸다거나 아이를 갖고 싶을 때 삼신할머니에게 비는 것 같은 일들이죠. 또한 죽은 자의 명복을 비는 씻김굿이나 마을의 평화를 기원하는 도당굿 등 역시 공동체의 안녕과 통합을 기원하는 제의(ritual)입니다. 이러한 제의는 현대 사회의 산업화와 합리화에 따라 많이 사라졌습니다. 그러나 형식을 달리하여 제의적 속성을 가진 이벤트는 여전합니다. 가장 큰 이벤트는 스포츠입니다. 현대의 스포츠는 사회의 갈등과 분열을 통합하는 기능을 합니다. 특히 월드컵이나 올림픽 같은 국가 간 스포츠 행사는 국민들을 하나로 통합시킵니다. 2002년 한일 월드컵 당시 붉은 셔츠를 입고 '오 필승 코리아!'를 외쳤던 대한민국 국민들을 보면 알 수 있죠.

영화도 스포츠만큼은 아니지만 제의적 기능을 합니다. 특히 대중 영화, 장르 영화는 더욱 그렇습니다. 장르 영화는 사회의 집단적 판타지, 열망, 강박, 불안 등을 농축시킵니다. 그런 점에서 장르 영화는 사회적 가치와 정체성을 응축하는 고대 신화의 현대적 등가물과 같습니다.[3] 고대 신화의 신과 영웅들이 궁극적으로는 공동체의 열망을 반영하듯이 장르 영화의 캐릭터들도 현대인들의 욕망과 동경을 육화합니다.

웨스턴에서 서부 사나이는 악당들에 의해 무법천지가 됐던 공동체의 질서를 회복시키고 언덕 너머로 사라집니다. 뮤지컬에서 가수와 댄서들은 자신들의 직업적 성공을 거두고, 남녀 커플은 이성애적 로맨스의 결합을 달성합니다. 갱스터 영화에서 온갖 폭력을 일삼으며 계급의 사다리를 타고 오르던 갱은 경찰의 집중포화 속에서 비장한 최후를 맞습니다. 그리고 법질서는 회복되죠. 탐정 영화에서 결국 범인은 잡히게 돼 있습니다. 아무리 어려운 수수께끼가 가로놓여 있어도 우리의 탐정은 기막히게 마지막 퍼

---

3) Lester Friedman, "Introduction", Lester Friedman et al., *An Introduction to Film Genres*, New York & London: W.W. Norton Company, 2014, p.11.

즐 한 조각을 풀어냄으로써 목적을 달성합니다. 전쟁 영화에서 군인들은 악전고투를 겪으면서도 전우애를 나누고 궁극에는 적군을 물리칩니다. 물론, 장렬하게 산화하며 패배하는 전쟁 영화도 있지만 그때조차도 조국을 위한 숭고한 희생은 국가적 기억으로 남습니다.

우리는 현실 세계의 개인들이 이렇게 깔끔하게 질서 잡힌 삶, 완전무결한 수단과 목적으로 점철된 삶을 살 수 없다는 것을 알고 있습니다. 오히려 그렇기 때문에 장르 영화에서는 더더욱 그것을 열망합니다. 만약 서부의 사나이가 악당에게 일격을 당하고 비참한 최후를 맞는 웨스턴이라면 어떨까요? 혼란만 겪다가 아무런 퍼즐도 풀지 못하는 탐정이 나오는 탐정 영화는 또 어떤가요? 그 어이없는 결말에 금방 불쾌해질 겁니다. 환불을 요구할지도 모릅니다. 그 이유가 뭘까요? 우리는 장르 영화에서 통합과 질서, 화해와 협력을 기대합니다. 자신의 현실이 한없이 비루하고 초라할지언정 영화 속 우리의 주인공이 존엄함을 잃고 비천한 존재로 전락하는 것은 참기 힘듭니다. 주인공은 갈등을 해결하고 고귀한 목적을 이루어야 합니다. 그것이 제의의 속성입니다.

제의적 접근(ritual approach)의 대표적 이론가인 토머스 샤츠는 "모든 장르 영화의 내러티브에서 가장 중요한 특징은 해결, 즉 공동체의 질서를 교란하는 갈등의 해소 노력에 있다"고 말합니다.[4] 그가 말하는 갈등 해소 노력은 크게 두 가지입니다. 웨스턴, 갱스터, 탐정 영화 같은 장르에서 주인공은 사회 질서에의 위협을 폭력적으로 해결합니다. 결국 위협은 해결되죠. 그는 공동체에 스며들어 그들과 함께 어울리기보다는 자신의 개별성을 지킵니다. 샤츠는 이런 장르들을 '질서의 의례(rites of order)'라 칭합니다. 이에 비해, 뮤지컬, 스크루볼 코미디, 멜로드라마 등은 연애, 결혼, 가족 등 개인적, 사회적 갈등을 내면화하고 개인 간의 대립이 공동체의 요구에 굴복합니다. 로맨틱 코미디의 원조 격인 스크루볼 코미디에서 티격태격 싸우던 서로 다른 계급의 커플도 궁극적으로는 결혼에 골인합니다. 샤츠는 이런 장르들을 '통합의 의례(rites of integration)'라 불렀습니다.[5]

남성 취향에 외면적인 '질서의 의례'이든 여성 취향에 내면적인 '통합의 의례'이든 샤츠는 고전기 할리우드 장르들이 결국 질서와 통합으로 귀결되며 이는 결과적으로 사회 통합에 대한 대중의 열망과 관련한다고 주장합니다.

그러나 이러한 주장에 반기를 든 이들도 있습니다. 이데올로기적 접근(ideological approach)을 하는 이론가들입니다. 이들은 장르 영화가 현상 유지의 기능을 한다고 주장합니다. 그 이유는 간단합니다. 위에서 열거한 각 장르들이 하나같이 공동체의 질서와 통합을 추구하기 때문입니다. 현실은 위의 장르들이 추구하는 것처럼 그렇게 이상적이고 질서 있는 공동체가 아닙니다. 현실의

---

4) 토머스 샤츠, 앞의 책, 64~65쪽.
5) 위의 책, 72~73쪽.

서부는 정의가 실현되는 곳이 아닌 돈과 결탁한 폭력이 난무하는 곳이었습니다. 스크루볼 코미디에서 중하층 남성과 상류층 여성은 잘도 결혼하지만 현실은 그리 만만치 않습니다. 이탈리아계 갱은 끝내 죽음을 맞지만 대공황기의 (특히 이민자) 관객들이 그를 사회의 영웅으로 여겼다는 것은 그 자체로 모순적입니다. 혹독했던 대공황기 계급의 사다리를 오른다는 것은 갱과 같은 폭력적 방법이 아니고서는 불가능하다는 것을 역설적으로 보여주기 때문입니다. 관객들은 폭력을 통한 계급상승이라는, 자신이 현실에서 할 수 없는 것을 갱에 투영하고 대리만족했습니다. 중요한 것은 그런 왜곡된 인식을 도덕적 잣대로 판단하기 전에 그 사회 자체가 이민자에게 계급이동을 허용하지 않을 만큼 폐쇄적이었다는 사실입니다.

따라서 이데올로기적 접근은 제의적 접근과 완전히 다른 현상을 놓고 격론을 벌이는 것이 아니라 같은 현상을 다르게 진단하는 것입니다. 즉, 제의적 접근이 통합과 질서가 대중의 열망을 반영하는 것이라고 주장하는 반면, 이데올로기적 접근은 그것이 조작이자 기만이라고 이야기하는 것입니다. 그것이 왜 조작이고 기만인지는 간단합니다. 현실에서 쉽게 해결하기 어려운 모순과 갈등을 영화처럼 가상으로 해결함으로써, 즉 통합과 질서를 유지함으로써 이득을 보는 집단이 있기 때문입니다. 그 집단은 정치권력일 수도 있고 자본가일 수도 있습니다. 주디스 헤스 라이트(Judith Hess Wright)는 장르 영화가 행동보다는 만족을 생산하며 저항보다는 연민과 두려움을 생산한다고 말했습니다. 또한 장르 영화가 현상 유지를 도움으로써 지배계급의 이익에 기여한다고 주장했습니다.[6] 이러한 주장을 곧이 곧 대로 받아들이지 않더라도 장르 영화가 상당히 보수적인 결말을 취한다는 것에 동의할 수 있을 겁니다.

그렇다면 우리는 어떤 접근, 어떤 입장에 따라야 하는 걸까요? 이는 쉬운 문제가 아닙니다. 왜냐하면 장르 영화가 놓여 있는 산업적, 사회적 배경이 다른 만큼이나 우리가 놓여 있는 문화적 배경(민족, 인종, 계급, 젠더 등)이 각기 다르기 때문입니다. 이러한 사회적 위치에 따라 우리는 제의적 접근처럼 보수적 입장에 기대어 통합을 추구하기도 하고 이데올로기적 접근처럼 진보적 입장에 기대어 갈등을 노출시키기도 합니다. 따라서 장르 영화를 어떤 관점에서 보든 그것은 여러분의 선택에 달려 있는 것입니다.

우리는 두 가지 접근방식에 따라 〈국제시장〉(2014)을 해석할 수 있습니다. 아시다시피 〈국제시장〉은 천 만 관객을 돌파한 영화로서 한국전쟁부터 동시대에 이르는 긴 시간을 다룬 가족 드라마입니다. 이 영화는 전쟁 당시 아버지의 유언에 따라 한평생을 가족을 위해서만 살아온 한 남자의 이야기입니다. 이 남자는 산업화 시기 파독 광부로 힘들고 고된 삶을 겪고, 베트남 전쟁에서

---

6) Judith Hess Wright, "Genre Films and the Status Quo", Barry Keith Grant (ed.), *Film Genre Reader II*, Austin: University of Texas Press, 1995, p.41.

가장 평범한 아버지의 가장 위대한 이야기

국제시장
2014.12

〈국제시장〉(윤제균 감독, 2014)

생사고락을 겪으며 어렵게 사업을 일굽니다. 오랜 세월이 흘러 그는 자식들이 알아주든 말든 오직 가족을 위해 굳세게 살아왔다고 자부하며 아버지의 사진 앞에서 열심히 살았다고 눈물짓습니다. 제의적 접근으로 볼 때, 〈국제시장〉은 어떤 역경도 딛고 일어서는 산업화 시대 우리네 아버지들의 눈물겨운 가족 서사입니다. 아버지 같이 열심히 땀 흘려 일한 사람들이 있었기에 대한민국의 오늘이 있었다고 해석합니다. 그리고 그것이 요즘처럼 경제가 어렵고 정치적으로 불안정한 시대에 한국 사회를 통합하는 역할을 하며, 그것이 국민적 열망을 반영한다고 주장합니다. 천 만 관객이 봤다면 남녀노소 다 본 것이고 이는 그 시절에 대한 향수가 있는 중·노년층 관객에만 해당하는 것이 아니라는 것입니다.

이데올로기적 접근은 여기에 딴지를 겁니다. 〈국제시장〉의 아버지는 단지 이 땅에서 평범하게 자신과 가족의 삶을 일군 아버지가 아닙니다. 이 영화가 중요하게 다루는 시대는 산업화 시대이고 이는 즉각적으로 박정희 정권을 상기시킵니다. 또한, 영화가 개봉한 2014년은 박정희의 딸인 박근혜가 대통령인 시대입니다. 묵묵히 시키는 일을 하고 없으면 찾아 일하는 것이 국가 발전과 직결되는 일이었을까요? 오히려 자기 일에만 매몰되어 억압받는 사람들의 삶을 외면하는 것은 아니었을까요? 〈국제시장〉의 아버지처럼 굳세게 살아온 아버지들의 삶을 부정하거나 폄하하는 것이 아닙니다. 그러나 독재자가 원하는 것은 언제나 자신의 위치에서 묵묵히 일하는 사람입니다. 왜냐하면 그들은 저항하지 않거니와, 또 저항하는 이들에게 독재자는 '저들을 봐라. 저들은 불만 없이 일하는데 너희는 왜 소란만 피우냐'며 찍어 누를 겁니다. 영화 속에는 옥신각신 다투던 주인공 부부가 국기 하강식에 맞춰 할 수 없이 국기에 대한 경례를 하는 장면이 있습니다. 이 장면은 다소 희화화돼 있긴 하지만 오후 6시만 되면 온 국민이 애국가에 맞춰 부동자세를 취했던 기괴한 시절을 잘 보여줍니다. 이 영화를 본 당시 대통령은 그 장면에서 우리 국민이 저토록 애국심이 강했었다고 자랑스럽게 회고했다죠? 그런 점에서 이데올로기적 접근은 국가가 국민보다 앞서며, 열심히 사는 개인의 삶이 국가를 위한 삶이라는 이 영화의 이데올로기가 위험하다고 경고하는 것입니다.

제의적 접근과 이데올로기적 접근은 몇 가지 한계도 갖고 있습니다. 제의적 접근의 이론가들은 흥행에 크게 성공한 영화나 어느 시기 인기 있는 장르에 주목합니다. 그리고 그 영화들이 성공한 것은 대중들의 열망이 반영되어 있기 때문이라 해석합니다.

그러나 영화가 흥행하는 이유는 한 가지로 집약되지 않습니다. 다시 〈국제시장〉을 예로 들어 볼까요? 이 영화는 영화를 많이 보는 젊은 관객뿐 아니라 중장년, 노년층에게 폭넓은 인기를 얻었습니다. 특히, 1960~80년대 산업화 시대를 온몸으로 겪어온 분들에게는 그 시대에 대한 향수도 불러일으켰을 수도 있죠. 또한 이것이 박정희의 딸인 박근혜 대통령 집권기라는 시대적 분위기와도 무관하지 않을 겁니다. 그러나 나이든 관객이라고 해서 모두 그 시절에 대한 향수를 갖고 있는 것은 아닙니다. 그 시대가 고도산업화 시기이기도 했지만 엄혹한 독재시대였다는 점은 그분들도 잘 알고 있습니다. 적지 않은 중·노년층 관객들은 국기 하강식 장면에서 그 어이없었던 시대를 회고하며 실소를 금치 못했을 수도 있습니다.

그 시절을 겪지 않은 젊은 관객들은 어떤가요? 그들이 겪지도 않은 고도 성장기를 그리워할 이유는 없습니다. 그보다는 우리네 아버지, 할아버지의 삶이 어떠했는지에 대한 호기심과 〈국제시장〉이 갖고 있는 혈연적 가족주의의 강한 호소력에 이끌렸을 수도 있고, 황정민이나 김윤진 등 배우들의 좋은 연기에 매력을 느꼈을 수도 있습니다. 이 영화가 보수적인 이데올로기를 표방하는 영화임은 분명해 보이지만 "어떤 영화의 표를 산다는 것이 그 영화의 이데올로기적 내용을 전부 혹은 일부라도 찬성한다는 것을 반드시 입증하는 건" 아닙니다.[7]

또한, 제의적 접근은 대중의 열망을 지나치게 강조한 나머지 영화 산업이나 국가의 억압적이고 공모적인 부분을 과소평가하기도 합니다. 예를 들어 스펙터클한 전쟁 영화는 국가의 대대적인 지원이 없이는 제작되기 어렵습니다. 〈인천상륙작전〉(2016) 같은 경우가 그런 예입니다. 이 영화는 제작 차원에서 대대적인 국가 지원이 있었고 홍보에서도 영향이 있었습니다. 정전 63주년 기념일인 2016년 7월 27일 개봉한 이 영화는 하루 전에 공영방송 KBS가 영화의 배경이 된 첩보작전을 다큐멘터리로 다뤄주기까지 했습니다. 주연배우 이정재의 내레이션으로 말이죠. 그도 그럴 것이, KBS는 이 영화에 30억이라는 거액을 투자했습니다. 공영방송이 상업영화에 이런 거액을 투자하는 것은 매우 이례적입니다. 물론, 국가의 이러한 역할이 흥행의 절대 요소는 아니겠지만 관객이 영화를 선택하는데 영향력을 행사한 것이라 볼 수 있습니다.

이데올로기적 접근 역시 같은 의미에서 문제가 있습니다. 어떤 영화를 본다는 것이 그 영화의 이데올로기에 찬성하는 것을 의미하지는 않는다는 것은 여기에도 적용됩니다. 〈국제시장〉이나 〈인천상륙작전〉같은 영화와 자주 대조되는 〈변호인〉(2013)을 생각해 봅시다. 잘 만든 사회 드라마이자 법정 영화인 이 영화가 앞의 두 영화보다 상대적으로 진보적인 가치를 대변한 영화인 것은 맞습니다. 민주화 시기 한 인권 변호사의 이야기를 다루고 있죠. 또

7) 배리 랭포드, 『영화 장르: 할리우드와 그 너머』, 방혜진 역, 한나래, 2010, 42쪽.

한, 작고한 노무현 전 대통령을 떠올리게 하는 영화입니다. 이 영화는 2013년 연말에 개봉했습니다. 〈국제시장〉은 꼭 1년 후인 2014년 연말에 개봉했죠. 1년 사이에 비교적 진보적이었던 한국 사회가 갑자기 보수적으로 바뀐 것일까요? 아니면 〈변호인〉을 봤던 관객과 〈국제시장〉을 봤던 관객은 전혀 다른 정치적 색깔을 지닌 관객이었던 걸까요? 이런 가정들은 어리석기 짝이 없습니다. 천 만 관객을 동원한 두 영화가 완전히 다른 관객층이었을 가능성은 없을 것이기 때문이죠.

이데올로기적 접근이 영화를 지배 이데올로기로 환원하는 것도 너무 단순한 인식입니다. 장르 변화의 요인 중 정치사회적 요인을 살펴봤듯이 시대의 흐름은 장르와 무관하지 않습니다. 또한 자본주의 사회에서 영화가 자본과 지배 권력으로부터 자유롭지 못하다는 것도 엄연한 사실입니다. 그러나 드물긴 하지만 장르 영화가 지배 이데올로기를 거스를 때도 있습니다. 1960년대 후반~70년대 초반 할리우드는 유럽 예술 영화의 영향 속에서 당시의 급진적 분위기를 반영하는 영화를 다수 제작했습니다. 〈우리에게 내일은 없다 Bonnie and Clyde〉(1967), 〈졸업 The Graduate〉(1967), 〈이지 라이더 Easy Rider〉(1969), 〈미드나잇 카우보이 Midnight Cowboy〉(1969) 등은 장르 영화와 예술 영화의 경계를 넘나들며 청년 영화(youth film)라는 새로운 흐름을 만들어냈습니다. 물론, 혹자는 이런 영화조차도 급진화한 청년들의 호주머니를 털기 위한 자본의 전략이라고, 지배 이데올로기의 또 다른 측면이라 폄하할 수도 있습니다. 어느 정도는 맞는 말이죠. 자본이 원하는 것은 결국 돈이니까요. 그러나 그보다는 급진적 청년 문화라는 시대정신이 장르 영화를 아래로부터 변혁시켰다고 보는 것이 더 적절할 것 같습니다.

3. 신역사주의 접근

배리 랭포드(Barry Langford)는 영화 장르 연구가 세 단계를 거쳐 왔다고 진단합니다. 첫 번째 단계는 장르의 분류, 즉 개별 장르들의 정의와 범위에 관한 문제입니다. 두 번째 단계는 널리 합의된 장르 정의와 규범 내에서 제의적 접근이나 이데올로기적 접근을 통해 개별 장르의 의미와 사회적 기능을 질문하는 것입니다. 마지막 세 번째 단계는 장르의 역사적 맥락, 특히 영화제작사의 정책, 홍보마케팅, 관객 소비 양상 등 관객이 장르를 인식하고 이용하게 만들어주는 제도적 실천에 관심을 돌리는 것입니다.[8]

첫 번째와 두 번째 단계에 대해서는 위에서 살펴봤고 세 번째 단계에 대하여 언급하는 것으로 이 장을 마칠까 합니다. 장르 정의의 문제에서, 장르 영화의 사회적 기능으로, 다시 장르의 역사적 맥락으로 관심이 확장한 것은 나름의 이유가 있습니다. 앞서 다뤘듯이 장르의 정의는 대단히 어려운 문제입니다. 자칫 잘못하

---

8) 배리 랭포드, 앞의 책, 30~31쪽.

면 분류학의 함정에 빠질 수 있죠. 최초의 웨스턴으로 기록되는 〈대열차 강도〉(1903)가 정작 개봉 시에는 웨스턴으로 불리지 않았다는 사실은 영화 장르 용어가 고정된 것이 아니라 변화하는 과정에 있다는 것을 말해줍니다. 영화 장르의 역사는 오늘날 그 장르 용어로 분류하는 분류자의 의지와는 무관하게 전개된 역사입니다. 이것은 한국 영화의 장르 용어도 마찬가지입니다. 오늘날엔 호러 영화, 공포 영화로 명명하지만 1960년대엔 괴기 영화라는 용어가 지배적이었습니다. 당시에는 그렇게 불렀지만 지금 호러 영화를 연구하는 연구자는 괴기영화라는 말 대신 호러 영화라는 말을 소급 적용하는 것이죠.

그렇다면 여기서 중요한 것은 장르를 정의하는 요소가 무엇이냐 하는 것이 아니라 왜 당시에는 그런 용어로 불렸으며 관객들은 거기에서 어떤 장르적 기대감을 가졌는가 하는 문제입니다. 다시 말해서 장르가 무엇인지, 그 장르가 정의하는 바가 무엇인지를 따지는 본질주의에서 벗어나는 것입니다. 대신 그 장르가 어떻게 형성하였는지를 묻는 것입니다. 이것은 장르의 정의를 갖고 골머리를 앓는 것보다 훨씬 생산적이고 의미 있는 작업입니다.

스티브 닐(Steve Neale)은 이러한 연구에서 괄목할 만한 업적을 이룬 영화학자입니다. 그는 영화를 홍보하거나 비평하는 수많은 신문, 잡지, 업계지(trade papers), 포스터 등을 조사하며 멜로드라마라는 용어를 역사적으로 규명했습니다.[9] 멜로드라마하면 떠오르는 단어는 로맨스, 러브 스토리, 슬픔, 비애 같은 단어입니다. 그러나 그에 따르면 영화사 초기에 멜로드라마는 오히려 그 반대격인 범죄, 총, 폭력 등과 결부되었습니다. 우리가 액션, 스릴러 등을 떠올릴 때 연상되는 단어들이죠. 그렇다면 왜 그때엔 멜로드라마를 이런 단어와 연관 지었을까요? 이유는 이렇습니다.

멜로드라마란 원래 근대 이후 부상하는 부르주아 계급의 오락거리였습니다. 고귀하고 위엄 있는 고대 비극이나 중세 신화와는 거리가 멉니다. 세속적이고 통속적일 수밖에 없습니다. 무엇보다도 관객의 흥미와 말초신경을 자극하기 위해 우연적이고 과잉적인 설정들을 구겨 넣습니다. 그렇기 때문에 주인공이 절체절명의 위기를 맞는 장면이 등장하게 되고 그가 어떻게 위기를 극복할지가 최대 관심사입니다. 당연히 인정머리 없는 악당이 등장하고 그는 총과 폭력, 범죄와 결부된 자겠죠. 마지막 순간 주인공은 위기에서 탈출하거나 위기에 빠진 연인을 구해낼 겁니다. 악당은 응징되고 연인과의 사랑은 더 굳건해 질 겁니다. 당시 사람들은 이런 영화들을 멜로드라마틱하다고 평했습니다. 쉽게 말해 그것은 고대 비극과 달리 통속적이고 자극적이며 선정적이고 말초적인 것을 뜻합니다. 그러니 범죄, 총, 폭력, 섹스 등과 결부될 수밖에 없겠죠.

9) Steve Neale, *Genre and Hollywood*, London & New York: Routledge, 2000, pp.179~204.

스티브 닐은 멜로드라마가 이런 식으로 사용된 범례를 열거하며 결국 멜로드라마가 모든 장르의 원류였다고 결론짓습니다. 영화사 초기에 멜로드라마라 불린 영화들에는 오늘날 우리가 액션, 스릴러, 공포, 판타지, 웨스턴, 로맨스 등으로 세분화시킨 모든 요소들이 다 담겨 있었다는 겁니다. 그렇다면 왜 당대에 액션, 스릴러, 웨스턴 등은 그 용어로 불리지 않았을까요? 이유는 너무도 간단합니다. 아직 멜로드라마에서 분화되지 않기 때문이죠. 멜로드라마 중에 액션-어드벤처 요소가 강한 영화들은 나중에 액션-어드벤처로 분화된 것이고, 멜로드라마 중 공포 요소가 강한 영화들은 훗날 호러 영화로 따로 묶이게 된 겁니다. 웨스턴, 판타지 등도 마찬가지죠. 다시금 반복해 말하자면 유사한 영화들이 많아졌을 때 그 영화들을 따로 명명해야할 필요성이 생기는 겁니다. 그전에는 멜로드라마로 한데 뭉뚱그려져 있었던 거죠.

닐의 역사적 통찰은 우리가 역사적 맥락을 고려하지 않고 장르의 정의를 내리는 것이 얼마나 허망한 일인지를 말해줍니다. 물론, 하나의 목적을 위해 뭔가를 정의하고 범위를 정하는 것은 필요합니다. 다만, 한 장르가 어떤 식으로 전개되었으며 그 용어는 어떤 변천을 겪어왔고, 당대의 관객들이 그 장르에 기대했던 바는 무엇이었나를 따지지 않은 채로 한 시기만을 떼어내어 장르를 정의하는 것은 한계를 가질 수밖에 없습니다.

저는 이것이 한국 영화에 통용되는 분단 영화라는 용어에 적용할 수 있다고 생각합니다. 세계 유일의 분단국가 한국에서 이 용어는

1980년대 처음 등장하여 지금까지도 학계와 저널리즘에서 쓰이는 용어입니다. 〈쉬리〉(1999), 〈용의자〉(2013) 같은 첩보 스릴러, 〈태극기 휘날리며〉(2003), 〈웰컴 투 동막골〉(2005) 같은 전쟁 영화, 〈남남북녀〉(2003), 〈간 큰 가족〉(2005) 등의 분단 소재 코미디를 통틀어 분단 영화로 명명할 수 있습니다. 그런데, 1950~80년대에 이르는 시기 분단, 첩보, 전쟁 소재의 영화들은 거의 반공 영화로 불렸습니다. 그도 그럴 것이 그 시대는 냉전시대였고 반공이 국가 이념이었던 시대였기 때문이죠. 따라서 반공성이 강하게 표출될 수밖에 없었습니다.

그렇다면 우리는 이런 질문을 던질 수 있습니다. 반공 영화와 분단 영화는 다른 장르일까? 반공 영화는 냉전시대의 산물이고 분단 영화는 탈냉전 시대의 산물일까? 시대적으로 그렇게 구분하는 것은 일리 있습니다. 그러나 그것이 완전히 다른 장르라는 것에는 동의하기 어렵습니다. 일단 이야기의 관습, 도상 등 구조면에서 반공 영화나 분단 영화가 큰 차이가 없습니다. 예를 들어 반공시대에 만들어진 〈싸리골의 신화〉(1967)는 남북화해협력 시대에 제작된 〈웰컴 투 동막골〉과 유사한 데가 있습니다. 한 오지 마을에 국군과 인민군이 동시에 스며든다는 설정이죠. 역시 냉전시대에 나온 〈용사는 살아있다〉(1965)는 2010년대에 나온 〈인천상륙작전〉(2016)과 흡사한 데가 있습니다. 특수 임무를 수행하기 위해 국군이 인민군복을 입고 적진에 침투해 겪는 모험을 그린다는 점에서 그렇습니다.

그렇다면 무슨 차이가 있을까요? 전쟁과 분단에 대한 태도 차이입니다. 반공 영화로 불렸던 영화들이 냉전적 사고에 기초해 있다면 분단 영화로 불리는 영화는 보다 전향적인 태도를 취하고 있습니다. 그렇다면 반공 영화라는 용어는 왜 더 이상 쓰이지 않고, 분단 영화라는 용어는 왜 등장한 것일까요? 전쟁과 분단에 대한 전향적 태도의 영화들이 탈냉전 시대에 쏟아져 나왔기 때문입니다. 〈남부군〉(1990), 〈은마는 오지 않는다〉(1991), 〈그 섬에 가고 싶다〉(1993), 〈아름다운 시절〉(1998) 등의 영화입니다. 이러한 전향적인 시각의 영화들이 다수 등장하자 이전의 반공 영화와 구분지어 불러야 할 필요성이 생긴 겁니다. 결론적으로 분단 영화는 반공 영화와 전혀 다른 뿌리를 갖고 있는 완전히 새로운 장르가 아닙니다. 냉전시대 기형적 반공 국가였던 한국이 전쟁, 첩보, 분단 소재 영화를 반공 영화라 명명했던 것이라면 탈냉전을 거치며 전향적 태도를 가진 동일 소재 영화를 분단 영화로 새로이 명명한 것입니다. 그 속에서 반공 영화라는 용어는 거의 소멸되고 분단 영화라는 용어는 지속되는 것입니다. 즉 동일 장르가 한국 현대사의 시대적·이념적 변화에 따라 변형된 형태로 나타난 것입니다.10)

멜로드라마와 반공·분단 영화, 그리고 그 용어들에 관한 논의

10) 정영권, 『적대와 동원의 문화정치: 한국 반공 영화의 제도화 1949~1968』, 소명출판, 2015, 80쪽.

는 장르의 정의가 무엇인지를 따지는 본질주의의 함정에서 벗어나게 해줍니다. 어느 한 시기만을 떼어낸 정의는 명백한 한계를 노출합니다. 또한, 특정 장르가 제의적 기능을 하느냐, 이데올로기적으로 보수적이냐 진보적이냐를 논하는 것도 본질주의를 벗어나기 어렵습니다. 반공성이 강했던 전쟁 영화들이 탈냉전과 민주화를 거치며 전향적인 태도를 견지하는 것은 한 장르가 본질적으로 한 이데올로기에 묶여 있지 않다는 것을 증명합니다. 이러한 시각은 장르의 역사적 맥락을 검토하지 않고서는 파악하기 어렵습니다. 제의적 접근이나 이데올로기적 접근의 또 다른 한계는 이 접근들이 거의 텍스트 분석에 한정되어 있다는 것입니다. 그러나 장르의 제의적 성격이나 이데올로기적 성격을 진단하는 것은 텍스트 분석만으로는 그 한계가 명확합니다. 왜냐하면 장르 영화는 현실을 단지 반영만 하는 것이 아니라 현실을 재구성하기 때문입니다. 그리고 이러한 재구성에 영향을 미치는 것은 영화 산업의 성격, 창작자의 장르 인식, 관객의 수용 태도, 국가의 개입, 저널리즘의 역할 등 매우 다양한 컨텍스트가 있기 때문입니다. 이렇게 장르의 제도적·역사적 맥락을 연구하는 접근을 신역사주의(new historicism) 접근이라 명명하기도 합니다. 신역사주의 접근은 장르를 고정된 실체로 보거나 장르 영화 텍스트를 단지 이데올로기의 반영물로 여기는 시각에서 벗어나 장르의 역동성을 설명하는 데 기여하고 있습니다.

IV. 멜로드라마 장르

이제 영화의 개별 장르들을 살펴볼 시간입니다. 그 첫 번째는 멜로드라마(melodrama)입니다. 위에서도 거론했듯 멜로드라마는 모든 장르의 기반이 되는 장르이자 양식(mode)입니다. 장르로서의 멜로드라마와 양식으로서의 멜로드라마에 대해서는 조금 있다 다루기로 하고, 우선 멜로드라마의 정의부터 알아봅시다.

멜로드라마는 음악을 뜻하는 그리스어 melos와 움직임을 뜻하는 drama의 합성어입니다. 그만큼 대부분의 멜로드라마는 정서를 고조시키는 감상적인 음악을 많이 사용합니다. 이는 멜로드라마가 관객의 정서와 감성에 의존하는 장르이자 통속적인 장르라는 것을 말해 줍니다. 아주 거칠게 말하자면 멜로드라마는 프랑스 혁명 이후의 근대 서구 사회에서 고전적인 비극(tragedy)이 통속화한 형태라고 할 수 있습니다. 근대 서구 사회는 신 중심의 중세적 세계관에서 벗어나 인간 중심의 세계를 그 특징으로 합니다. 인문주의로 불리는 르네상스가 대표적이죠. 중세의 성직자들이나 왕족, 귀족들은 점점 세력을 잃고 근대 부르주아 계급이 세력을 확장합니다. 그에 따라 왕조적이고 신화적 신성에 의

존했던 연극도 세속적인 도덕적 가치와 가족 이야기에 초점을 맞춘 연극으로 바뀝니다. 탈신성화와 세속화의 원리가 이 시기 연극을 지배하게 되는데 이것이 멜로드라마입니다.

고전적 비극과 멜로드라마는 신성과 세속화라는 점뿐만 아니라 운명을 대하는 태도에서도 사뭇 다릅니다. 『오이디푸스 왕 Oedipus Rex』이나 『햄릿 Hamlet』과 같은 비극에서 운명은 이미 정해져 있습니다. 그것은 인간의 힘으로는 어쩌지 못하는 것입니다. 그에 비해 멜로드라마는 인간의 힘으로 피할 수 있었던 운명을 다룹니다. 만약 그러지 않았더라면 하는 감정, 너무 늦었다(too late)는 회한의 감정, 해결책이 제때에 이루어졌다면 불행한 결말은 피할 수 있었을 것이라는 탄식은 멜로드라마의 주된 정서입니다.

한국에서 멜로드라마는 일본을 통해 전해졌습니다. 대략 식민지 시기 일본에서 서구 멜로드라마의 영향을 받은 신파극이 한국에 들어와 한국인의 정서에 맞게 번안된 것입니다. 일본에서는 가부키나 노(能)같은 전통적 연극 형식을 구파(舊派)라 칭하고, 서구에서 수용한 멜로드라마 형식을 신파(新派)라 이름 지었습니다. 따라서 식민지 시기 한국의 신파극은 서구 멜로드라마가 일본을 거쳐 한국에 토착화한 형태라고 할 수 있습니다. 신파극은 주로 신분이 다른 남녀 간의 연애가 사회적 인습에 의해 장애를 겪는 이야기를 다룹니다. 특히, 탐욕스러운 부자나 그 아들에 의해 정절을 잃거나 돈 때문에 나락으로 떨어지는 것이 신파극의 전형적인 특징입니다. 지역적 차이는 있지만 서구 초기 멜로드라마도 이러한 설정이 지배적이었습니다.

우리가 보통 멜로드라마라 하면 남녀 간의 로맨스를 떠올리듯 로맨스는 멜로드라마의 중심입니다. 영화 검색 사이트에 '멜로/로맨스'가 나란히 있는 것을 봐도 쉽게 알 수 있죠. 좁은 의미의 멜로드라마가 로맨스, 러브 스토리 등으로 통용되는 것도 무리는 아닙니다. 그런 점에서 장르로서의 멜로드라마는 로맨스 영화라고 해도 틀리지 않습니다. 그러나 보통 멜로드라마는 남녀가 행복하게 사랑만 하도록 내버려 두지 않습니다. 가족 간 혹은 가족 내의 갈등은 멜로드라마에서 빠지지 않는 요소입니다. 그것은 신분과 계급 차이에 의한 갈등일 수도 있고, 불륜으로 인한 사생아의 문제일 수도 있으며, 불치병으로 인한 고통일 수도 있습니다. 한국의 전설적인 멜로드라마 〈미워도 다시 한 번〉(1968)이 계급 차이, 불륜으로 인한 사생아 문제를 다룬다면, 할리우드의 고전적 멜로드라마 〈러브 스토리 Love Story〉(1970)나 한국 멜로드라마 〈내 머리 속의 지우개〉(2004) 등은 불치병을 전면에 내세우고 있습니다.

멜로드라마는 또한 이러한 설정을 담담하게 그리기보다는 정서적 과잉으로 그려냅니다. 관객의 강한 연민을 불러일으키고 눈

〈러브 스토리〉(1970)의 눈싸움 장면

물을 끌어내는 것은 멜로드라마의 한 특징입니다. 그렇기 때문에 멜로드라마는 리얼리즘을 지고의 가치로 여기는 (남성) 비평가들에 의해 절제되지 않은 저급 취향의 장르, 여성의 손수건을 적시는 싸구려 (여성) 장르로 폄하되어 왔습니다. 지적이고 이성적인 것에 호소하기보다는 값싼 감상주의에 호소한다는 비판이 그것입니다. 그러나 멜로드라마를 그렇게 매도할 일만은 아닙니다. 그것이 관객에게 오랫동안 사랑받는 이유는 감상적인 정서가 인간의 원초적 감정이기도 하거니와 단지 낡고 진부한 것으로만 치부하기에는 질긴 생명력이 있을 만큼 강한 호소력이 있기 때문입니다.

오늘날 우리가 '막장'이라고 부르는 TV드라마는 온갖 과장되고 과잉적인 설정으로 가득 차 있는데 이는 멜로드라마가 극단으로 나아간 것이라고 생각할 수 있습니다. 여기에는 불륜은 물론 출생의 비밀, 뒤바뀐 운명, 불치병(특히 비련의 여주인공을 상징하는 백혈병), 우연한 교통사고, 기억상실, 정신적 트라우마, 무자비한 복수, 혼외 자식(배다른 형제) 등 갖은 진부하고 식상한 클리셰(cliché)들로 넘쳐 납니다. '욕하면서 보는 드라마'라는 말이 있을 정도로 이러한 '막장 코드'들은 미학적으로는 저급한 것일지라도 지속적이고 강렬한 호소력을 갖고 있습니다. 오히려 진부하고 통속적인 것이야말로 멜로드라마의 정수입니다.

이런 관점에서 우리는 장르로서의 멜로드라마를 넘어 양식으로서의 멜로드라마를 생각해 볼 수 있습니다. 이때 멜로드라마는 단지 로맨스, 러브 스토리나 가족의 갈등을 다룬 드라마가 아니

> **☞ 클리셰(cliché)**
>
> 클리셰란 진부한 표현이나 상투적 문구를 지칭하는 용어입니다. 영화에서 습관적으로 쓰여 뻔하게 느껴지는 캐릭터, 카메라 스타일, 내러티브적 설정 등을 말합니다. 이를테면, 평화의 상징으로 기호화 된 비둘기를 똑같은 의미로 쓴다든지, 호러 영화에서 카메라가 누구의 시점인지 모르는 시점 숏(point of view shot)으로 엿보는 장면을 찍는다든지 하는 것입니다. 전자는 이미 사회에서 굳어진 의미를 진부하게 활용한 것이고, 후자는 수많은 호러 영화에서 상투적으로 사용한 것입니다.

라 모든 장르를 포괄할 수 있는 하나의 양식이 됩니다. 즉, 모든 장르 영화들은 많건 적건 멜로드라마적인 요소들을 갖고 있다는 것입니다. 그럼 양식으로서의 멜로드라마의 특징은 무엇이 있을까요? 벤 싱어(Ben Singer)는 이를 다섯 가지로 나눴습니다.[11]

첫째, 멜로드라마는 강한 연민을 불러일으키는 감정, 즉 파토스(페이소스 pathos)를 주요한 정서로 가집니다. 특히, 무고한 희생자에게 가해지는 도덕적 부당함에 대한 분노와 연민은 관객이 멜로드라마에서 느끼는 주된 감정입니다. '비련의 여주인공'이라는 말은 멜로드라마적 정서를 대표하는 상투어입니다. 여주인공은 자신을 둘러싼 세계를 통제할 능력이 없으며 자신에게 닥친 비극적 운명을 온전히 받아들입니다. 그녀를 지배하는 정서는 끝없는 자기연민일 것입니다. 〈러브 스토리〉(1970)의 알리 맥그로

---

11) 벤 싱어, 『멜로드라마와 모더니티』, 이위정 역, 문학동네, 2009, 74~82쪽.

〈너는 내 운명〉(박진표 감독, 2005)

(Ali MacGraw), 〈내 머리 속의 지우개〉(2004)의 손예진, 〈너는 내 운명〉(2005)의 전도연은 모두 멜로드라마의 비련의 여주인공들입니다. 때로 남자 주인공에게도 이러한 비극적 운명이 닥칩니다. 〈내 사랑 내 곁에〉(2009)의 김명민처럼 말이죠.

둘째, 멜로드라마는 눈물과 슬픔 말고도 과도한 감정을 내보입니다. 이는 파토스를 포함하지만 완전히 일치하는 것은 아닙니다. 질투, 탐욕, 갈망, 시기, 분노, 원한 등의 감정이 멜로드라마를 지배합니다. 막장 드라마를 생각하면 이는 쉽게 이해할 수 있는 부분입니다. 자신의 운명을 끝없는 자기연민 속에서 순순히 받아들이는 비련의 여주인공들도 있지만 자신에게 가해진 불의와 부당함에 원한을 느끼고 분노와 복수로 응징하는 여주인공들도 있습니다. 막장 드라마라는 말이 널리 사용되는 데 크게 이바지했던 TV드라마 〈아내의 유혹〉(2008~2009)이 대표적이죠. 보다 최근으로 온다면 넷플릭스 시리즈 〈더 글로리〉 1~2부 (2022, 2023)를 예로 들 수 있겠죠. 여기에서 학창 시절 '학폭'에 시달린 여주인공은 온 생을 건 치밀하고도 처절한 복수극으로 시청자들을 전율하게 합니다.

셋째, 멜로드라마는 선과 악의 극명한 대립을 그립니다. 고대의 마니교는 선과 악이 대등하게 존재함을 인정했는데, 그래서 이러한 세계관을 마니교적 세계관이라고 합니다. 선과 악의 극단적 양극화는 멜로드라마를 하나의 도덕극으로 만듭니다. 주인공은 절대 선이고 악당은 절대 악입니다. 주인공에게 가해지는 불의와 시련은 관객들의 연민과 공분을 자아내고 악당의 악행에 분노하게 만듭니다. 막장드라마에서 주인공의 복수가 정당화되는 것도 이러한 권선징악적 세계관에 의거한 것입니다. 우리가 좀처럼 멜로드라마라고 생각하지 않는 〈베테랑〉(2015)도 이런 점에서 보면 멜로드라마적인 세계관을 갖고 있습니다. 유아인이 연기하는 재벌 3세는 동정의 여지가 없는 절대 악에 가깝습니다. 그는 힘없는 임금 체불 노동자를 살해한 후 은폐하고 약한 자를 괴롭히는 악당이죠. 〈베테랑〉은 액션 영화지만 멜로드라마적인 데가 있는 영화인 것입니다.

넷째, 멜로드라마는 비고전적인 내러티브 구조를 자주 보여줍니다. 이 말은 멜로드라마가 실험적이거나 모더니즘적이라는 의미가 아닙니다. 그보다는 인과관계가 뚜렷한 고전적인 내러티브의 논리적 구조에서 빈번하게 어긋난다는 뜻입니다. 우연의 일치, 극단적 반전, 뒤엉킨 플롯, 데우스 엑스 마키나(deus ex machina) 식의 해결 등이 그렇습니다. 영화 중반부까지 암시조차 없다가 주인공이 갑자기 불치병에 걸리거나 너무도 진부하게 교통사고를 당한 후 기억상실에 걸리는 것 같은 예입니다. 한국의 고전적 멜로드라마에는 서로 사랑에 빠진 남녀가 알고 보니 어릴 때 헤어졌던 남매였다는 것이 빈번한 소재였습니다. 이렇게 보면 SF 영화의 대표작 〈스타워즈 Star Wars〉 시리즈(1977~2019)도 여기에 해당합니다. 초기 시리즈에서 주인공인 루크 스카이워커는 악당인 다스 베이더와 결투를 벌이는데, 다스 베이더의 입에서 "내가 너의 아버지다(I'm your father)"라는 황당한 말이 나오죠. 또한, 루크와 레이아 공주가 남매였다는 것도 나중에야 밝혀집니다. 이것은 완전히 멜로드라마틱한 설정입니다.

다섯째, 멜로드라마는 선정주의(sensationalism)를 내포합니다. 관객들의 흥미를 유발하기 위해 액션, 폭력, 스릴, 무시무시한 광경 등 육체적 위험의 스펙터클을 내세운다는 것입니다. 그

☞ **데우스 엑스 마키나(deus ex machina)**
라틴어로 '기계 장치의 신'이라는 뜻으로, 고대 그리스극에서 신적인 존재가 나타나 뒤죽박죽으로 얽혀 있던 사건을 풀거나 도저히 빠져나올 수 없는 위기에서 구출하는 등 우연적으로 극적 해결을 시도하는 것을 말합니다.

래서 초기 무성영화 시대에 미국에서 멜로드라마로 불렸던 영화들에는 철로에 묶여 있던 여주인공이 절체절명의 위기에서 극적으로 구출되거나 탈출하는 액션 장면들로 가득 찼다고 합니다. 이렇게 보면 숨 막히는 긴장과 스릴, 액션, 끔찍한 공포의 광경을 연출하는 액션 영화, 스릴러 영화, 호러 영화는 모두 멜로드라마라는 큰 양식에서 파생된 장르들이라는 것을 알 수 있습니다. 그 장르들이 갖고 있는 과도한 감정(분노, 복수 등), 선과 악의 극명한 대립 역시 멜로드라마적인 것입니다.

멜로드라마는 여성 주인공이 중심이 되거나 눈물로 대변되는 정서적 과잉으로 인해 주로 여성 관객층을 타깃으로 삼아 왔습니다. 멜로드라마는 로맨틱 코미디와 함께 여성들에게 가장 사랑받는 장르 중 하나입니다. 영어권에서 눈물 짜내기 영화를 가리키는 말인 'weepie', 1960년대 한국의 중년 여성 관객을 뜻하는 '고무신 관객', 그녀들을 노리는 상투적인 홍보 문구 "눈물 없이 볼 수 없는 영화", "손수건을 꼭 준비하세요." 등은 멜로드라마가 얼마나 관객의 정서에 의지하는 장르인지를 말해 줍니다. 멜로드라마 앞에 붙는 수식어들도 멜로드라마의 성격을 부여해 줍니다. '신파 멜로드라마', '최루성 멜로드라마'는 가장 흔히 쓰이는 표현입니다. 멀리는 〈미워도 다시 한 번〉(1968)부터 1990년대 후반에서 2000년대 초반까지 쏟아져 나온 〈편지〉(1997), 〈약속〉(1998), 〈하루〉(2000), 〈선물〉(2001), 〈국화꽃 향기〉(2003)같은 영화들, 2000년대 후반에 제작된 〈내 사랑 내 곁에〉(2009),

〈슬픔보다 더 슬픈 이야기〉(2009) 등이 대표적인 영화들이죠. 신파 멜로드라마 개념과 겹치기도 하지만 특별히 자식에 대한 어머니의 사랑과 아버지의 사랑을 다룬 멜로드라마를 각각 모성(maternal) 멜로드라마, 부성(paternal) 멜로드라마라 칭하기도 합니다. 〈애자〉(2009), 〈하모니〉(2009), 〈친정엄마〉(2010) 등이 전자의 예라면, 할리우드 영화 〈아이 엠 샘 I Am Sam〉(2001), 한국 영화 〈7번방의 선물〉(2012) 등은 후자의 예입니다.

멜로드라마가 이렇게 강한 정서적 몰입을 요구하는 장르이긴 하지만 그러한 틀에 구애받지 않고 절제된 스타일을 보여주는 영화들도 있습니다. 〈8월의 크리스마스〉(1998), 〈봄날은 간다〉(2001) 〈행복〉(2007) 등 허진호 감독의 영화들은 눈물을 쥐어짜내기보다는 담담한 감정으로 이야기를 풀어 나갑니다. 아련한 첫사랑의 추억을 떠올리게 하며 4백만 관객을 끌어모은 〈건축학개론〉(2012), C F 처럼 감각적이고 세련된 영상으로 사랑받은 〈뷰티 인사이드〉(2015), 라디오가 주는 아날로그 감성이 풋풋한 〈유열의 음악앨범〉(2019)도 신파성보다는 절제된 감성이 돋보이는 영화입니다. 2015년 재개봉되어 큰 사랑을 받은 미국 영화 〈이터널 선샤인 Eternal Sunshine of the Spotless Mind〉(2004) 역시 판타지와 결합한 새롭고 참신한 멜로드라마입니다. 2010년대 이후 신파적 요소가 가미된 한국 멜로드라마로서 흥행에 성공한 영화는 〈너의 결혼식〉(2018) 정도가 아닐까 합니다.

2010년대 이후 멜로드라마는 하향세입니다. 할리우드의 액션

블록버스터와 한국의 범죄액션 영화들에 가려 좀처럼 보기 어려웠습니다. 〈태양의 후예〉(2016), 〈도깨비〉(2016~2017) 등의 TV드라마가 극장용 멜로드라마를 대체한 측면도 있고, 특히 코로나19 이후 극장 티켓 가격이 상승하면서 관객들이 확실한 볼거리 위주의 영화를 선호해 멜로드라마에 대한 투자가 잘 이루어지지 않고 있습니다. 2010년대 중반 이후 1990~2000년대의 국내외 영화들이 재개봉하는 현상이 하나의 유행처럼 되고 있는데요. 리스트를 보면 일본 영화 〈러브레터 Love Letter〉(1995)를 비롯해 〈타이타닉 Titanic〉(1997), 〈8월의 크리스마스〉(1998), 〈냉정과 열정 사이 冷靜と情熱のあいだ〉(2001), 〈이터널 선샤인〉(2004), 〈노트북 The Notebook〉(2004) 등 멜로드라마가 상당한 비중을 차지하고 있습니다. 이런 점만 봐도 멜로드라마가 얼마나 관객들의 지속적인 사랑을 받는 장르인지를 알 수 있습니다. 아마도 영원히 소멸되지 않을 장르를 하나만 꼽자면 그것은 아마도 멜로드라마일 것입니다.

V. 코미디 장르

　코미디(comedy)는 멜로드라마와 함께 영화의 양대 장르라고 해도 과언이 아닙니다. 그만큼 멜로드라마와 코미디가 늘 인기 있는 것은 아닐지라도 만들어지지 않는 시대가 없을 정도로 꾸준하게 제작됩니다. 멜로드라마가 고전 비극의 현대적 형식이라면 코미디는 희극의 현대적 형식입니다. 고대 시절부터 코미디는 신, 영웅, 비범한 사람들이 중심이 되는 비극과는 반대로 권력이 없는 사람들, 즉 중하층 계급의 사람들이 중심인물로 등장했습니다. 그래서 코미디에 등장하는 인물도 평균적인 재산 수준이나 교양 수준에 못 미치는 사람들인 경우가 많습니다. 평균 관객들보다 열등한 인물들이 등장하고 그들의 우스꽝스러운 말과 행동이 지배적이라는 점에서 코미디는 오랫동안 저급하고 하찮은 장르로 취급받아온 면이 있습니다. 특히 지적인 유머나 위트보다는 소위 '몸 개그'에 의존하는 슬랩스틱 코미디일수록 '저질 코미디'로 인식되었습니다. 멜로드라마가 값싼 눈물을 쥐어짜내는 장르로 폄하되어 왔다면 코미디는 열등한 사람들의 저급한 취향으로 평가 절하되어 왔던 것이죠. 이는 지금도 완전히 청산되지 않은 인식인데 미국의 아카데미상이나 한국의 각종 영화상에서 코미디 장르가 최우수 작품상을 수상하는 경우가 그리 흔치 않다는 사실 만으로도 알 수 있습니다.

그럼에도 불구하고 훌륭한 코미디 영화들은 시대의 애환을 어루만지고 병든 사회를 날카롭게 풍자하며 한 사회의 건강성을 보여주는 지표로도 기능합니다. 채플린의 〈모던 타임즈 Modern Times〉(1936)나 로베르토 베니니(Roberto Benigni)의 〈인생은 아름다워 La vita è bella〉(1997)처럼 체제의 모순과 시대의 광기를 날카로운 풍자와 가슴 저미는 파토스로 그려낸 코미디 영화들이 그 예라 할 수 있습니다.

멜로드라마처럼 코미디도 꽤 광범위한 장르입니다. 거의 모든 영화들에는 코믹한 요소들이 있습니다. 코믹(comic)은 '웃음을 유발하는 혹은 그러한 의도를 지닌'이라는 뜻을 갖고 있습니다.[12] 진지한 영화일지라도 늘 심각한 분위기로만 풀어나갈 수는 없기 때문에 코믹은 영화의 긴장된 부분을 해소해주는 활력소 역할을 합니다. 그래서 무시무시한 호러 영화에서도 간간이 코믹한 부분들을 넣어주는 것입니다. 그에 비해 코미디라는 말은 부분적인 코믹과는 달리 하나의 장르를 지칭합니다. 군데군데 코믹한 부분이 나오는 것이 아니라 영화 전체가 코믹한 요소로 지배

---

12) 스티브 닐 & 프랭크 크루트니크, 『세상의 모든 코미디』, 강현두 역, 커뮤니케이션북스, 2002, 33쪽.

〈모던 타임즈〉(1936)의 공장 장면

되어야 합니다. 그래서 코미디의 전반적인 톤(tone)은 다른 장르들과는 다릅니다. 다른 장르들은 개연성(probability)에 입각합니다. 이것은 우리가 다음 장에서 살펴보게 될 판타스틱 장르에서도 마찬가지입니다. 초자연적이고 초현실적인 설정이 나온다 하더라도 극적인 개연성을 넘어서는 경우는 없습니다.

그러나 코미디는 어떤 극적 동기화(motivation)나 규범(norm)을 초월해 있습니다. 말도 안 되고 어처구니없는 상황, 즉 개연성 없는 상황이 일어나도 코미디는 그것을 극적으로 허용합니다. 만약 어떤 슬랩스틱 코미디에서 창문에 매달려 있던 사람이 떨어진다 해도 그의 생사여부를 관객에게 알리지 않고 생략할 수도 있습니다. 죽었건 살았건 그런 현실성이 문제되지 않기 때문입니다. 아니면 땅에 큰 구멍이 나 있는 만화적인 장면으로 비약할 수도 있습니다. 다음 장면에서 온몸에 붕대를 두른 채 병원에 누워 있는 모습이 심각하지 않은 톤으로 아무렇지 않게 제시된다면 우리는 이 영화가 코미디임을 직감할 수 있습니다. 또한, 대부분의 코미디는 해피엔딩(happy ending)으로 끝납니다. 해피엔딩이 코미디의 전유물은 물론 아닙니다. 그러나 비극적으로 끝나는 코미디는 생각하기 어렵습니다. 해피엔딩은 코미디의 필요조건입니다. 그렇기 때문에 코미디는 사회의 불합리와 부조리를 풍자하고 비판하는 역할도 하지만 궁극적으로는 웃음과 해피엔딩 속에 대중의 불만을 순화시키는 안전판 역할을 하기도 합니다.

코미디에는 앞에 붙는 수식어에 따라 여러 하위 장르들이 있습니다. 시대와 사회의 부조리를 냉소적이고 잔혹한 유머로 풍자하는 블랙 코미디(black comedy: 〈닥터 스트레인지러브 Dr. Strangelove or: How I Learned to Stop Worrying and Love the Bomb〉(1964), 〈넘버 3〉(1997), 〈성실한 나라의 앨리스〉(2014), 〈돈 룩 업 Don't Look Up〉(2021), 〈거미집〉(2023) 등), 기존 영화들을 전방위적으로 패러디하는 패러디 코미디(parody comedy: 〈총알탄 사나이 The Naked Gun〉 시리즈(1988~1994), 〈무서운 영화 Scary Movie〉 시리즈(2000~2013), 〈재밌는 영화〉(2002), 〈다찌마와 리: 악인이여 지옥행 급행열차를 타라!〉(2008) 등), 성적인 유머와 행동을 우스꽝스러운 상황으로 풀어내는 섹스 코미디(sex comedy: 〈아메리칸 파이 American Pie〉 시리즈(1999~2012), 〈몽정기〉(2002), 〈색즉시공〉(2002) 등)를 비롯해 많지만 역시 대표적인 두 하위 장르는 슬랩스틱 코미디와 로맨틱 코미디입니다.

넓게 보자면 슬랩스틱 코미디는 주로 무성영화 시대에, 로맨틱 코미디는 유성영화 이후에 전성기를 구가했습니다. 슬랩스틱 코미디(slapstick comedy)는 영화사 초창기의 장르입니다. 프랑스의 막스 랭데르(Max Linder)와 미국의 맥 세네트(Mack Sennett)는 대서양 양안에서 초기 무성 코미디 영화의 기반을 닦은 사람들입니다. 1910~20년대 할리우드가 미국에서 영화 산업의 중심지로 형성돼 가던 시기에 무성 슬랩스틱 코미디는 가장 인기 있는 장르였습니다. 채플린, 버스터 키튼(Buster Keaton), 해롤드 로이드(Harold Lloyd) 등은 이 시대를 풍미한 위대한 광대들이었습니다. 채플린이 사회체제에서 소외된 떠돌이(tramp) 역으로 유명했다면, 키튼은 결코 웃지 않는 무표정 얼굴(great stone face)의 과묵한 외골수로서 특히 기계를 역동적인 몸동작과 연결시키는 데 타의 추종을 불허하는 코믹 액션의 대가였습니다. 로이드는 이제 막 시골에서 대도시로 상경한 순진하고 어설픈 얼간이 역으로 사랑받았죠. 이외에 뚱뚱이와 홀쭉이 캐릭터로 유명했던 로렐과 하디(Stan Laurel & Oliver Hardy) 등도 있습니다.

유성영화 이후에도 슬랩스틱 코미디의 전통이 끊어진 것은 아닙니다. 1950~60년대에는 제리 루이스(Jerry Lewis)가, 1990년대 이후에는 짐 캐리(Jim Carrey), 윌 페렐(Will Ferrell), 아담 샌들러(Adam Sandler) 등의 코미디 배우들이 맹활약했습니다. 파이 던지기나 엉덩방아 찧기 같은 전통적인 몸 개그는 많이 없어졌지만 코미디언들의 코믹한 대사나 캐릭터에 전적으로 의존한다는 점에서 이런 코미디를 코미디언 코미디(comedian comedy)라 부르기도 합니다. 다시 말해 코미디언의 재능에 모든 것을 맡기는 코미디라는 뜻이죠. 한국에도 이런 전통이 있었습니다. 한국의 뚱뚱이와 홀쭉이라 할 수 있는 양훈과 양석천, 살살이라는 별명으로 불렸던 서영춘, 특유의 개다리춤으로 유명했던 '비실비실' 배삼룡, 막둥이라는 이름으로 한 시대를 풍미했던 구봉서, 못생긴 얼굴을 자신의 트레이드마크로 내세웠던 이주일 등은 1950~80년대의 대표적인 코미디언들이었습니다. 이들이 출연했던 〈홀쭉이 뚱뚱이 논산 훈련소에 가다〉(1959, 양훈·양석천), 〈여자가 더 좋아〉(1965, 서영춘), 〈남자 미용사〉(1968, 구봉서), 〈뭔가 보여드리겠습니다〉(1980, 이주일) 등은 한국의 슬랩스틱 코미디이자 코미디언 코미디라 칭할 수 있을 겁니다.

최근 한국 영화에서는 코미디언의 재능에 전적으로 의존하는 영화들은 찾아보기 어렵습니다. 대신 코미디 영화나 다른 장르에서 조연급으로 출연하여 관객의 눈길을 사로잡는 이른바 '신 스틸러(scene stealer)'는 주로 코믹 연기에 능한 배우들입니다. 이들은 영화가 너무 무거워지거나 지루해질 때 나타나 약방의 감초처럼 제 역할을 해줍니다. 유해진, 라미란 등은 이런 작은 역할로 시작해 주연급으로 발돋움한 배우들이죠. 이외에도 박철민, 성동일, 진선규, 박지환, 여배우로는 나문희, 김수미, 이정은, 염혜란, 김선영 등 많습니다.

이제 로맨틱 코미디(romantic comedy)로 나아가 볼까요? 1920년대 후반 할리우드에 유성영화가 등장하면서 무성 코미디가 쇠퇴하고 그 자리를 스크루볼 코미디(screwball comedy)가 메웁니다. 로맨틱 코미디의 원형이라 할 수 있는 스크루볼 코미디는 1930~40년대 할리우드에서 빠르고 재치 있는 대사를 중심으로 계급이 다른 남녀 사이의 옥신각신 갈등이나 좌충우돌 로맨스

〈어느 날 밤에 생긴 일〉(프랭크 카프라 감독, 1934)

를 그린 장르입니다.

스크루볼 코미디에서 여주인공이 상층계급의 순종적이지 않은 대담한 여성이라면 남자주인공은 중하층 계급으로서 직업윤리에 투철한 전문직 남성이 전형입니다. 이 장르의 기원이라 할 수 있는 〈어느 날 밤에 생긴 일 It Happened One Night〉(1934)은 제멋대로인 부잣집 딸과 직업, 노동의 윤리를 강조하는 남성 신문기자가 주인공입니다. 이 장르에서 남녀 간의 계급과 문화의 차이는 성 대결(sex battle)의 양상으로 나타납니다. 여주인공이 멜로드라마의 비련의 여인상과 달리 신여성(new women)을 대변한다는 점에서 표면적으로는 남성 중심적 가부장제에 도전적인 면모를 보입니다.

그러나 결말은 지극히 보수적입니다. 여기에도 어김없이 해피엔딩이 뒤따르는데 옥신각신 다투던 남녀는 결국 결혼으로 골인

합니다. 성적인 차이, 계급적 차이, 문화적 차이 등은 이렇게 이성애적 결혼을 통해 아무런 갈등이나 모순 없이 깔끔하게 봉합됩니다. 갈등을 지극히 낭만적이고 환상적인 방식으로 해결하는 것이죠. 이러한 스크루볼 코미디의 결혼 공식이 얼마나 오랜 지속성을 갖고 있는지는 1990년 작 로맨틱 코미디 〈귀여운 여인 Pretty Woman〉의 결말을 보면 쉽게 알 수 있습니다. 이 영화는 억만장자인 남성과 거리의 여성이 결혼까지 간다는 낭만적인 결말을 보여줍니다.

현대의 로맨틱 코미디는 고전적 스크루볼 코미디와는 조금 다른 면모도 보여줍니다. 특히 소비자본주의가 첨예화함에 따라 이를 반영한 최신 유행과 스타일이 장르를 지배합니다. 패션, 뷰티에 대한 점증하는 관심, 명품의 전시를 통한 협찬사 PPL의 전면화 등은 이제 오래된 현상입니다. 여주인공은 치장(makeovers)을 하는 것으로서 종종 자신의 정체성의 변화를 나타냅니다. 예를 들어 〈악마는 프라다를 입는다 The Devil Wears Prada〉(2006)에서 앤 해서웨이(Anne Hathaway)가 연기하는 앤디는 후줄근한 옷에서 패셔너블한 옷으로 변신을 시도하는데 이는 그녀가 패션을 사치스런 여성들의 허영으로만 치부하다가 패션산업 나름의 전문성을 인정하게 됐음을 보여줍니다. 이제 더 이상 패션과 뷰티는 로맨틱 코미디와 분리될 수 없을 정도가 되어, TV 시리즈를 영화화한 〈섹스 앤 더 시티 Sex and the City〉(2008)나 〈쇼퍼홀릭 Confessions of a Shopaholic〉(2009) 등은 그 자체로 패션, 뷰티 전시장이라 해도 지나친 말이 아닙니다.

그런 점에서 동시대 로맨틱 코미디의 여주인공들이 스크루볼 코미디의 부유한 상류층 여성보다는 주로 중산층 전문직 여성들이라는 것은 지극히 당연해 보입니다. 여성들의 사회 진출이 훨씬 활발해진 현 시점에서 일과 사랑, 어느 것 하나 놓치지 않는 여주인공들의 모습은 당연히 젊은 여성 관객이 선망하고 동경하는 직업들인 패션잡지 에디터, 디자이너, 변호사 등으로 나타납니다. 역시 앤 해서웨이가 주인공으로 나오는 영화〈인턴 The Intern〉(2015)에서 그녀는 30세의 여성 CEO로 경륜 있는 70세 남성 인턴을 부하직원으로 둡니다.

스크루볼 코미디의 결혼 공식도 로맨틱 코미디에서는 더 유연하고 개방적으로 바뀌었습니다. 2000년대 이후 한국의 로맨틱 코미디에서 이는 두드러진 현상이 되고 있습니다. 〈싱글즈〉(2003)나〈광식이 동생 광태〉(2005)에서 남녀 커플은 결혼으로 결말을 맺지 않습니다. 〈아내가 결혼했다〉(2008)는 훨씬 파격적인데 영화에서 아내는 이미 결혼을 했음에도 다른 남자와 또 다른 결혼을 공식선언합니다. 이혼이 아닌 두 개의 결혼생활을 시작하는 것이죠.

로맨틱 코미디는 대박을 터뜨리는 장르는 아니지만 꾸준히 만들어지는 장르입니다. 〈쩨쩨한 로맨스〉(2010),〈러브픽션〉(2011),〈남자사용설명서〉(2012),〈내 아내의 모든 것〉(2012),〈연애의 온도〉(2012),〈나의 사랑 나의 신부〉(리메이크 2014, 오리지널

1990), 〈오늘의 연애〉(2014), 〈그날의 분위기〉(2016) 등 해마다 거의 한 편씩은 제작되었습니다. 그러나 2010년대 중후반에는 남성 중심의 범죄액션 영화에 밀려 이렇다 할 흥행작을 만들어내지 못했죠. 오히려 TV드라마에서 더 큰 사랑을 받았습니다. 〈그녀는 예뻤다〉(2015), 〈또 오해영〉(2016), 〈치즈인더트랩〉(2016), 〈이번 생은 처음이라〉(2017), 〈김비서가 왜 그럴까〉(2018), 〈멜로가 체질〉(2019) 등이 이 시기에 사랑받았던 TV 로맨틱 코미디들이죠. 이 작품들에서 매력적인 연기를 보여준 황정음, 서현진, 김고은, 정소민, 박민영, 천우희 등은 '로코'의 가장 핫한 여주인공으로 떠올랐습니다.

소재 면에서 로맨틱 코미디는 새로운 변화를 시도하고 있습니다. 로맨틱 코미디는 남녀 간의 연애만을 다루는 이성애 중심주의로 비판을 받기도 했는데요. 그도 그런 것이 〈내 남자친구의 결혼식 My Best Friend's Wedding〉(1997)처럼 할리우드 로맨틱 코미디에서 남성 동성애자는 주로 유행에 민감한 패셔니스타이거나 개방적 사고를 가진 속 깊은 친구 정도로 등장했습니다. 여성 동성애자는 거의 찾기조차 어려웠죠. 한국 영화 〈두 번의 결혼식과 한 번의 장례식〉(2012)은 남성 연인의 사랑을 다룸으로써 로맨틱 코미디의 이성애 중심주의에 도전하고 있습니다. 또한 지속적인 경기불황으로 인한 청년실업 문제 등 사회적 이슈들이 소재로 활용되기도 합니다. 〈내 깡패 같은 애인〉(2010)은 취업전선에서 매번 낙방하는 '취준생' 여성과 백수건달의 어울릴 것 같지 않은 사랑을, 〈티끌모아 로맨스〉(2011)는 돈이 없어 연애도 못하는 청년백수와 무엇이든 주워 내다 파는 국보급 '짠순이'의 생계형 로맨스를 다룹니다.

한동안 주춤했던 로맨틱 코미디는 2019년 〈가장 보통의 연애〉가 300만 가까운 흥행에 성공하면서 재기의 발판을 마련했습니다. 〈장르만 로맨스〉(2021)와 〈연애 빠진 로맨스〉(2021)는 팬데믹 시기에 개봉해 비록 큰 흥행 성적을 거두진 못했지만 좋은 평가를 받았죠. 전자는 로코에서 여주인공의 단짝 친구 역할을 단골로 맡았던 조은지의 성공적인 감독 데뷔작이라는 점에서, 후자는 독립영화 〈밤치기〉(2017)의 맛깔진 대사로 주목받았던 여성감독 정가영의 상업장편영화 데뷔작이라는 점에서 의미가 있습니다. 최근에 로맨틱 코미디로서 큰 사랑을 받은 영화로는 어딘지 어울릴 것 같지 않은 배우 유해진과 김희진이 너무 자연스럽게 연인이 돼가는 과정을 그린 〈달짝지근해: 7510〉(2023), 30일의 이혼숙려기간 동안 벌어지는 젊은 부부의 기억/사랑 되찾기 게임 〈30일〉(2023) 등이 있습니다.

슬랩스틱에 가까운 정통 코미디 또한 꾸준히 관객들의 사랑을 받아왔습니다. 무엇보다 〈극한직업〉(2016)이 1천 6백만이라는 놀라운 관객 수를 기록하면서 코미디의 저력을 보여주었고, 〈육사오〉(2022)도 1등 당첨 로또 복권이 바람을 타고 북한으로 넘어가면서 펼쳐지는 온갖 소동으로 큰 웃음을 안기며 2백만 가까운 관객 동원에 성공했습니다. 1960년대부터 오랜 역사를 갖는 여장남자 코미디 계보를 잇는 〈파일럿〉(2024)도 450만 넘는 관객의 호응을 얻었죠. 〈거미집〉(2023)은 흥행에는 실패했지만 블랙 코미디의 형식으로 한국 영화사에 대한 오마주와 패러디를 섞어가며 영화광 관객들의 열화와 같은 지지를 받았습니다. 시간이 지날수록 이 영화의 진가를 알아보는 사람들이 늘어날 것입니다.

코미디는 언제나 관객들의 지친 마음을 웃음으로 달래주는 역할을 해왔습니다. 코미디가 비범하고 영웅적인 인물들이 등장하는 게 아니라 평범하거나 그 이하의 인물들이 나온다는 점에서 가장 소시민적인 장르라 할 수도 있습니다. 또한 사회체제의 모순과 부조리를 풍자하기도 하고 기존의 권위를 패러디 한다는 점에서 건강한 비판성을 담고 있는 장르이기도 합니다. 더 나아가 슬랩스틱 코미디처럼 포복절도하게 만드는 원초적 웃음을 주고, 로맨틱 코미디처럼 우리 시대의 연애 풍속도를 일별할 수 있게 해주는 삶의 활력소 같은 장르입니다.

VI. 판타스틱 장르

  판타스틱(fantastic) 장르란 무엇일까요? 그것은 마법사들의 마법이 지배하는 세계일 수도 있고, 지구를 구하기 위해 슈퍼 히어로들이 초능력을 발휘하는 것일 수도 있으며, 외계인의 침공에 맞선 지구인들의 저항을 다룬 영화일 수도 있고, 인간과 사이보그의 경계가 무너진 근접미래의 세계일 수도 있으며, 으스스한 폐가에서 귀신이 출몰하는 초자연적 현상을 다룬 것일 수도 있습니다. 이들의 공통점은 모두 현실 세계에서 일어나기 어려운 놀랍고 신기한, 때로는 무시무시한 사건이나 캐릭터가 등장한다는 것입니다. 사실, 판타스틱 장르라는 말은 좀 생소할 수도 있습니다. 그보다는 호러 영화, SF 영화, 판타지 영화라는 개별 장르로 더 잘 알려져 있죠. 그럼에도 불구하고 이 세 장르를 판타스틱 장르라고 부르는 나름의 이유가 있습니다. 그것은 이 세 장르가 현실 세계를 초월한 초현실적, 초자연적 현상을 다룬다는 점 외에 이를 둘러싼 세계관에서 공통되면서도 몇 가지 차이를 갖고 있기 때문입니다.

  비비언 소브책(Vivian Sobchack)은 세 장르가 가지고 있는 세계관의 차이를 다음과 같이 명쾌하게 설명합니다. 호러 영화는 '알고 있는'(known) 세계를 초월하려는 욕망이 응징받아야 할 것으로 그려지는 장르입니다. '몰라도 되는 것들이 있다'는 미심쩍은 관념이 이 장르 전체를 지배합니다. 그리고 그것을 어기는 것이 서사의 원동력이 됩니다. 호기심에 이끌려 귀신 들린 집에 들어간 청소년들의 이야기를 떠올려 보면 쉽게 납득이 갈 겁니다. 즉, 호러 영화의 세계관은 "너무 많이 알려고 하면 다쳐!"인 것입니다.

반면, SF 영화는 '알려지지 않은'(unknown) 미지의 세계로의 돌진을 추구합니다. '누구도 가보지 못한 곳을 가다'라는 세계관이 이 장르를 지배합니다. 하지만 무엇으로? 바로 과학과 테크놀로지를 통해서입니다. SF 영화는 미지의 세계에 깔려 있는 공포를 뒤엎어 버리는 경험적이고 기술적인 낙관주의를 표방합니다. SF 장르에선 외계인에 맞선 저항도, 우주로의 여행과 탐험도 과학과 테크놀로지를 통해 가능합니다. 물론, 이런 낙관주의만이 있는 것은 아닙니다. 과학과 테크놀로지가 고도로 발전할 사회에 대한 두려움, 인간성의 상실 등도 이 장르의 한 축을 차지합니다. 특히, 최근에 올수록 이러한 세계관이 더 강하게 나타납니다.

판타지 영화는 호러 영화처럼 자연적, 도덕적 경계를 넘어서거나 SF 영화처럼 그 경계를 무시하고 확장하기보다는 그 경계를 아예 없애버립니다. 하지만 무엇으로? SF 영화에 과학과 테크놀로지라는 초현대적 무기가 있다면 판타지 영화에는 소원이 이루어지게 하는 마법이 있습니다. SF 영화는 지금은 불가능하지만 가까운 미래엔 가능할 수도 있는 과학적이고 합리적인 설명을 요구합니다. 이에 반해 판타지는 설명될 수 없으며, 단지 이 불가해한 현실을 현실로서 받아들여야 합니다. 어떻게 저것이 가능한지 묻는 것, 과학적으로 설명해 보라고 요구하는 것은 판타지 자체를 인정하지 않겠다는 것과 마찬가지입니다.

호러 영화, 특히 귀신, 유령, 흡혈귀 등이 등장하는 고전적 호러 영화는 판타지와 통하는 바가 있습니다. 호러 영화 역시 과학적 설명이 불가능하다는 것이죠. 그러나 호러 영화가 관객에게 공포와 두려움, 깜짝 놀람, 심지어 혐오감을 안겨준다면 판타지 영화의 지배적 정서는 신비함과 경이로움입니다. 비비언 소브책은 이렇게 결론짓습니다. '호러 영화는 자연법칙과 경쟁하고 SF 영화는 그것을 확장시키며, 판타지 영화는 그것을 일시 정지시킨다.'[13]

자, 이제 세 장르의 세계관을 거시적으로 비교해 봤으니, 한 장르 한 장르 더 깊이 들어가 보기로 합니다. 그 첫 번째는 끔찍하고 무시무시한 호러 영화입니다.

---

13) 비비언 소브책, 「판타지」, 제프리 노웰-스미스 편, 『세계 영화 대사전』, 이순호 외 역, 미메시스, 2015, 379쪽.

1. 호러 영화

우리는 누구나 이루지 못한 것, 이룰 수 없는 것에 대한 아쉬움과 결핍을 안고 살아갑니다. 그것이 재산일 수도, 명예일 수도, 재능일 수도, 미모일 수도 있습니다. 이에 대한 동경과 대리만족은 멜로/로맨스, 로맨틱 코미디, 뮤지컬 등 달달한 장르를 통해 이루어집니다. 이들 장르는 달콤한 판타지에 기반을 두고 있죠. 그러나 세상에는 끔찍한 판타지도 있습니다. 사람들은 사회 속에 편입돼 살아가고 자신의 욕망을 억압해야 합니다. 직장 상사가 괴롭혀도 아무런 저항도 못합니다. TV에 나오는 스타가 되고 싶은 꿈을 꾸지만 현실은 그리 녹록지 않습니다. 이렇게 현실에서 이루지 못하는 욕망의 억압은 무의식으로 스며듭니다. 그리고 그것은 꿈, 특히 악몽을 통해 귀환하죠. 그 속에서는 내가 억압했던 욕망이 귀신이나 괴물을 통해 나타나고 이 귀신과 괴물은 질서와 규범을 파괴합니다. 말하자면 악몽은 끔찍한 판타지이고 이 악몽에 가장 가까운 장르가 바로 호러 영화(horror film)입니다.

우리는 왜 두려움, 혐오감을 감수하고도 호러 영화를 볼까요? 그것은 호러 영화가 금지된 욕망을 분출함으로써 일종의 카타르시스를 주는 장르이기 때문입니다. 호러 영화의 쾌락은 현실이 억압하는 것, 즉 사회의 규범이나 질서를 위반하는 것에 있습니다. 이렇게 본다면 질서와 규범을 파괴하는 귀신, 유령, 괴물, 흡혈귀 등은 두려움의 대상이면서도 우리가 억압했던 욕망을 대신 실현해주는 존재들입니다.

이런 점에서 엄숙주의자들이나 보수적인 도덕의 신봉자들이 호러 영화를 비난하는 것은 어쩌면 당연합니다. 그들은 호러 영화들이 너무 잔인하고 폭력적이며 엽기적이라는 이유를 들지만 그것은 현상적인 것일 뿐, 본질은 호러 영화가 기존의 가치, 도덕, 규범을 깨뜨리는 것에 대한 두려움입니다. 예를 들어 19세기 후반에 등장한 『드라큘라』(1897)는 아시다시피 목덜미를 깨물고 피를 빠는 행위로 잘 알려져 있습니다. 이것은 에로틱한 키스나 애무를 연상시키지요. 여성의 정숙함과 순결을 강조했던 19세기 영국 빅토리아 시대에 에로틱한 것은 금지됐습니다. 드라큘라가 여러 여성들을 자신의 숭배자로 거느리는 것은 일종의 난교(亂交)를 떠올리게 합니다. 이 역시 성적인 엄숙주의에 대한 위반이죠. 이렇게 은유적으로 해석하면 드라큘라는 빅토리아 시대의 도덕과 규범을 위반하는 존재인 것입니다.

그렇다면 때로는 우리를 두려움에 떨게 하고 때로는 우리의 억압된 욕망을 대리만족시켜주는 호러 영화 장르에는 어떤 것이 있을까요? 아마도 호러 영화만큼 하위 장르가 확연하게 나뉘는 장르도 없을 겁니다. 호러 영화는 크게 세 가지 범주로 생각해 볼 수 있습니다.

첫째, 초자연(supernatural)을 다룬 범주입니다. 여기에는 흡혈귀(vampire), 유령(ghost), 악령 숭배(occult), 좀비(zombie), 괴물(monster), 그리고 한국·일본·중국·태국 등 동아시아 호러 영화에서 공통적으로 나타나는 귀신(특히 여귀) 등이 있습니다. 이들 초자연적 존재는 각각이 하위 장르라고 해도 과언이 아닙니다. 뱀파이어 영화, 오컬트 영화, 좀비 영화, 귀신 영화라는 말이 전혀 낯설지 않게 들리는 것만으로도 알 수 있죠. 이 영화들에서 흡혈귀, 좀비, 괴물 등은 우리가 억압한 욕망이 외부의 타자(the other)가 되어 귀환합니다. 이 영화들은 '우리 바깥의 괴물'을 다룹니다.

한국의 고전 호러 영화에서 여귀는 가장 대표적인 타자입니다. 이들은 주로 가부장제의 억압 속에서 억울하게 자살하거나 죽임을 당한 며느리이거나 전처소생 자식들이죠. 〈월하의 공동묘지〉(1967)나 여러 차례 영화화된 〈장화홍련전〉처럼 말입니다. 〈캐리 Carrie〉(1976, 리메이크 2013)나 〈경성학교: 사라진 소녀들〉(2014)처럼 십대 소녀를 등장시켜 성장하는 것에 대한 공포를 염력 같은 초자연적 현상으로 그려낸 영화들도 있습니다. 〈캐리〉의 첫 장면에서 캐리는 첫 생리를 하고 소스라치게 놀라는데, 이는 부정한 어머니의 성적 억압과 관련이 있습니다. 자신의 문란했던 과거를 혐오하는 어머니가 사춘기 딸이 소녀에서 여성으로 성장하는 것을 죄악시하는 것입니다. 본격적인 호러 영화는 아니지만 〈블랙 스완 Black Swan〉(2010)도 이와 비슷한 설정이죠.

이렇게 타인에게 가한 가해나 자기 스스로에 대한 억압은 여러 방식으로 귀환합니다. 2000년대 이후 한국 호러 영화에선 왕따, 외모 집착, 입시경쟁에서 부동산 문제에 이르기까지 다양하게 표출되었습니다. 〈여고괴담〉 시리즈(1998~2009)나 〈고사〉 시리즈(2008~2010)는 왕따, 입시경쟁 등이 청소년들에게 가하는 억압이 초자연적 공포로 분출된 대표적인 예입니다.

초자연 범주의 영화들은 과거와 전통에 얽매여 있을 것 같지만 절대 그렇지 않습니다. 초현대적인 문물에 깃든 악령의 존재는 시대의 변화에 따라 공포의 소재가 얼마나 다변화할 수 있는지 보여줍니다. 비디오테이프(〈링 リング〉, 1998), 핸드폰(〈폰〉, 2002, 〈착신아리 着信アリ〉, 2003), 카메라(〈셔터 Shutter〉, 2004) 등만 봐도 알 수 있죠. 초저예산으로 제작된 미국 독립영화 〈블레어 위치 The Blair Witch Project〉(1999)가 전 세계적인 성공을 거둔 이후로 '우연히 발견된 출처 불명의 영상'이라는 의미의 '파운드 푸티지(found footage)' 호러 영화는 하나의 트렌드가 되었고, 누군가에 의해 찍힌 영상을 훔쳐보는 것 같은 관음적 욕망을 자극하면서 〈클로버 필드 Cloverfield〉(2008), 〈파라노말 액티비티 Paranormal Activity〉(2009) 등의 히트작들을 양산했습니다.

고전적 호러 영화들이 '귀신들린 집(haunted house)' 같이 고립에 따른 폐소공포증을 야기한다면, 이 영화들은 반대로 과도하게 연결된, 즉 초연결 시대의 공포를 다룹니다. 남의 시선을 의식하며 자신의 삶을 과시적으로 전시하는 노출증(exhibitionism)과 남의 삶을 엿보고자 하는 관음증(voyeurism)이 맞물리면서 내가 노출하고 싶지 않은 사생활이 무작위로 노출되는 것에 대한 공포가 디지털 시대의 도래와 함께 출현한 것이죠. 〈언프렌디드: 친구 삭제 Unfriended〉(2014)가 이러한 시대의 공포를 소재로 활용한 영화라면, 온갖 자극적이고 선정적인 라이브 방송('라방')을 통해 돈을 벌고자 죽음을 무릅쓰고 폐가를 찾는 청년들의 모습은 〈곤지암〉(2018)에 잘 나타납니다. 이 영화들은 PC, 스마트폰, CCTV 등 디지털 기기의 화면이 전체 장면의 많은 부분을 차지하죠. 호러보다는 스릴러에 가까운 〈서치 Searching〉(2018)는 아예 영화 전체를 이렇게 구성하고 있는데, 이를 스크린라이프(screenlife) 형식이라 부르기도 합니다.

2010년대 중반 이후 한국의 초자연 호러 영화에서 새로이 부상한 것은 좀비와 오컬트입니다. 두 장르 모두 서양의 부두교나 악마숭배, 적그리스도(Antichrist) 등 한국의 문화·종교적 전통과 동떨어져 있어 한국 영화에선 거의 부재했지만, 〈부산행〉(2016)이 천만 흥행을 기록한 이후 좀비는 이제 한국 영화·드라마에서도 친숙한 장르가 되었습니다. 〈창궐〉(2018), 〈기묘한 가족〉(2019) 등이 각각 좀비와 사극, 좀비와 코미디를 결합한 영화라면, 〈# 살아있다〉(2020)는 〈부산행〉처럼 재난 서사에 기대고 있죠. OTT 시리즈에서는 〈킹덤〉 시즌 1, 2(2019, 2020), 〈지금 우리 학교는〉(2022) 등이 글로벌 콘텐츠로서 성공한 예입니다.

오컬트 장르는 〈엑소시스트 The Exorcist〉(1973)를 한국에 이식한 듯한 〈검은 사제들〉(2015)이 큰 성공을 거둔 후 간간이 제작되고 있습니다. 특히 〈검은 사제들〉의 장재현 감독은 〈사바하〉

(2019), 〈파묘〉(2024) 등에서 지속적으로 '한국형 오컬트'를 시도하고 있고, 이 밖에도 〈곡성〉(2016)이나 〈사자〉(2019) 등이 오컬트의 색깔을 띠고 있죠. 물론 〈곡성〉이나 〈파묘〉는 가톨릭의 퇴마가 아닌 동양의 무속과 귀신 퇴치를 다루고 있습니다.

둘째, 심리적 공포(psychological horror)를 다룬 범주입니다. 초현실적이거나 초자연적 현상으로 공포를 가중시키는 대신, 인간 내면에 자리한 불안과 공포를 자극합니다. 다중인격, 사이코패스, 심리적 트라우마 등이 단골로 등장합니다. 초자연 범주의 영화들이 억압된 욕망을 외부의 타자로 귀환시킨다면 이 범주는 내부의 타자가 되어 귀환합니다. '우리 안의 괴물'인 것이죠.

이 영화의 시초 격은 앨프레드 히치콕(Alfred Hitchcock)의 저 유명한 〈싸이코 Psycho〉(1960)입니다. 이 영화에서 노먼 베이츠라는 청년은 죽은 어머니의 자아와 분리되지 않은 다중인격 장애를 겪고 있죠. 그가 다른 여성에게 성적인 자극을 받을 때마다 어머니-자아로 변하여 그 여성을 제거하는 식입니다. 정신분석학적으로 그는 오이디푸스 콤플렉스를 극복하지 못한 사람으로서 어머니의 감시와 통제, 억압에서 벗어나지 못합니다. 호러 영화의 역사를 서술할 때, 〈싸이코〉 이전과 이후로 나눌 정도인데, 이는 이 영화가 고전적 호러 영화처럼 흡혈귀, 유령, 괴물 등을 등장시키지 않고 인간 내면에 도사린 끔찍한 공포와 불안을 보여주었기 때문입니다. 그래서 〈싸이코〉를 고전적 호러(classical horror)와 구별되는 모던 호러(modern horror) 영화의 출발점으로 삼기도 합니다. 〈싸이코〉 이후의 모든 호러 영화가 모던 호러라는 의미가 아니라 〈싸이코〉처럼 초자연적 공포가 아닌 인간 내면의 공포를 파고든 영화를 가리키는 말이죠. 이런 종류의 영화로서 할리우드의 뛰어난 걸작으로 〈양들의 침묵 The Silence of the Lambs〉(1991)도 빼놓을 수 없습니다. 한국 영화로는 〈검은 집〉(2007)이나 〈추격자〉(2008)를 예로 들 수 있

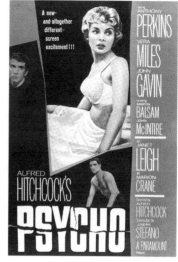

〈싸이코〉(1960)의
샤워실 피살 장면

을 것 같습니다. 이런 영화들은 초자연적 공포가 아니라는 점에서 범죄 스릴러와 그 경계가 모호한 편인데, 그래서 호러 스릴러(horror thriller)라 불리기도 합니다.

마지막으로, 대학살(massacre)을 다룬 범주입니다. 이는 모던 호러의 심리적 측면은 최소화하고 난도질, 신체 훼손 등 극단적 폭력을 장르의 관습으로 밀고 나간 영화들입니다. 이런 영화에도 다중인격이나 사이코패스 등이 나오곤 하지만 심리적인 것으로 파고들지 않고 오로지 폭력을 내세우는 데 관심이 있습니다. 호러 영화 중 가장 상업화한 범주라 해도 과언이 아닙니다.

이 범주의 대표 격은 슬래셔(slasher) 영화입니다. 슬래셔란 난

도질을 뜻하는 것으로 정체 모를 살인마가 대량 학살을 자행하는 것을 말합니다. 〈텍사스 전기톱 학살 The Texas Chainsaw Massacre〉(1974), 〈할로윈 Halloween〉(1978), 〈13일의 금요일 Friday the 13th〉(1980), 〈나이트메어 A Nightmare on Elm Street〉(1984)는 시리즈로 양산을 거듭했고 2000년대 이후 줄줄이 리메이크됐습니다. 1990년대 이후로 이 장르를 자기 패러디(self-parody)하는 〈스크림 Scream〉 시리즈(1996~)가 나오기도 했죠. 슬래셔 영화는 캠프를 떠난 십대 청소년들이 살인마에게 하나하나 이유 없이 살해당하는 것이 전형적인 스토리입니다. 그 중 도중에 사라지거나 남녀 청소년들끼리 섹스를 하면 어김없이 살해당하는 나름의 장르적 관습도 갖고 있습니다. 마지막까지 살아남는 주인공은 성경험이 없는 십대 소녀인데, 이를 가리켜 '파이널 걸(final girl)'이라 부르기도 합니다. 슬래셔 장르의 이러한 특성은 도덕주의자들이 1970년대 페미니즘과 성해방 운동으로 미국 사회가 성적으로 문란해지고 가족의 가치가 땅에 떨어졌다는 보수적 인식과 맞닿아 있습니다. 〈텍사스 전기톱 학살〉같이 전복적 영화를 예외로 한다면, 페미니즘 영화이론가들의 지적처럼 슬래셔 장르는 성적 진보주의에 대한 반격의 성격도 가지고 있습니다. 물론, 이것은 1970~80년대에 국한한 것으로 1990년대 이후의 슬래셔 영화는 이런 성격으로부터 점점 더 멀어집니다.

스플래터(splatter) 영화는 슬래셔와 유사하지만 보다 희화화된 장르입니다. 유혈이 낭자하지만 너무 과장되어 있고 만화적일

만큼 인위적이어서 오히려 웃음을 유발합니다. 잘려나간 자신의 머리를 옆구리에 끼고 다닌다든지 하는 행동들이 공포보다는 엽기적인 웃음을 자아내는 것이죠. 〈반지의 제왕〉 시리즈로 잘 알려진 피터 잭슨(Peter Jackson) 감독은 할리우드로 진출하기 직전, 자신의 고향 뉴질랜드에서 이런 영화들을 주로 찍었습니다. 〈고무 인간의 최후 Bad Taste〉(1987), 〈데드 얼라이브 Dead Alive〉(1992) 같은 영화들입니다.

이 밖에 피투성이가 되는 과정을 그대로 표현하며 사지절단, 내장 노출 등을 노골적으로 전시하는 영화를 고어(goer) 또는 하드 고어(hard goer)라 부릅니다. 이런 영화들은 과도한 폭력성 때문에 B급 영화 마니아가 아니면 좀처럼 찾지 않습니다. 2000년대 이후에는 〈쏘우 Saw〉 시리즈(2004~)처럼 묶어놓고 폭력적으로 고문하는 것으로 가학 성향을 보여주는 영화를 고문 포르노 영화(torture porn movie)라 따로 칭하기도 합니다.

이렇게 봤을 때 호러 영화는 초자연적, 초현실적 상황을 다루는 방향으로 갈수록 판타지와 가까워지고 현실 세계의 심리적 공포를 다루는 방향으로 갈수록 스릴러와 가까워진다고 해도 과언이 아닙니다. 이를 정리하면 아래와 같습니다.

왼쪽으로 갈수록 초자연적 · 판타지적 요소가 강하고 오른쪽으

SF · 판타지—고전적 호러(흡혈귀 · 귀신 등)—모던 호러(심리적 공포)—스릴러

로 갈수록 심리적·현실적 요소가 강하다고 볼 수 있습니다.

호러 영화는 다른 어떤 장르보다 세팅이나 촬영, 조명, 편집 등 시각적 관습이 두드러진 장르입니다. 무덤이나 관, 귀신이 출몰할 것 같은 낡고 어두운 집, 이국적인 배경에 더해 의외로 집같이 안전한 장소도 모던 호러 영화의 주요 세팅입니다. '언캐니(uncanny)'라는 말은 이것을 잘 설명해 줍니다. 언캐니는 독일어 'unheimlich'의 영어 번역인데, 'unheimlich'는 '섬뜩한', '으스스한'의 뜻으로 '친숙한', '낯익은'을 뜻하는 'heimlich'의 반대말입니다. 이때 'heim'은 집을 가리키는데, 다시 말해서 unheimlich는 집처럼 친숙한 장소, 상태가 가장 낯설고 섬뜩한 것으로 변한다는 의미입니다. 〈싸이코〉의 유명한 샤워실 살인 장면은 가장 사적인 공간인 목욕실이 가장 무서운 공간으로 변하는 언캐니한 상황인 것이죠. 〈식스 센스 The Sixth Sense〉(1999)나 〈디 아더스 The Others〉(2001)처럼 집이라는 공간이 가장 낯설고 섬뜩한 공간으로 바뀔 때도 언캐니하다고 할 수 있습니다.

조명은 어둡고 명암대비가 강한 로우 키 조명을 자주 활용하고 카메라를 잡을 때 외화면 공간(offscreen space)을 효과적으로 활용합니다. 화면 밖에 무엇인가 있는 것처럼 제시하여 공포를 배가시키는 것이죠. 괴물, 유령, 귀신 등을 보여주지 않으면서 인물에 가까이 있다는 느낌을 자아냅니다. 그림자 등을 통한 공포 효과 창출은 가장 흔한 예입니다. 한 화면 내에서 인물과 괴물, 귀신, 살인마 등을 함께 보여주지만 등장인물은 모르고 관객은 알게 하여 극도의 서스펜스를 만들어내기도 합니다.

편집에서는 눈 깜짝할 사이에 괴물이나 귀신 등을 보여주고 금방 다음 화면으로 넘어감으로써 관객이 방금 무엇을 본 건지 모를 정도의 공포감과 두려움, 호기심을 일깨우는 방식이 자주 활용됩니다.

2. SF 영화

우리는 일상에서 이런 상상을 해봅니다. 우주에선 어떤 미지의 현상이 일어날까? 우주 탐험가는 외계 생명체를 만나게 될까? 그들은 우호적일까, 사악할까? 지구가 외계인의 침공을 받는다면 어떻게 될까? 컴퓨터, 인공지능(A. I. artificial intelligence)은 모든 면에서 인간보다 뛰어날까? 로봇·안드로이드·사이보그 등이 인간과 같은 감정을 갖는다면? 생명복제 등 생명과학은 인류의 희망일까, 재앙일까? 핵전쟁 이후의 세계는 어떠할까? 지구온난화 등 환경문제가 가져올 인류의 위기는 무엇일까? 시간여행이 가능하다면 우리의 삶을 어떻게 바꿔 놓을까? 가상현실(virtual reality), 증강현실(augmented reality)은 어디까지 왔나? 인공지능은 인간의 삶과 정체성을 완전히 바꿔 놓을 것인가? 이러한 질문들은 끝없이 이어질 수 있습니다. 또한 이러한 소재와 주제들은 이미 많은 영화가 다루어왔던 것들입니다.

위의 질문은 우리의 상상력에 기초하고 있지만 한 가지 공통된 요소가 있죠. 바로 과학과 테크놀로지를 근거로 한다는 것입니다. 물론, 이 과학과 테크놀로지가 현재 혹은 가까운 미래에 실현 가능한 것인가 하는 문제는 별로 중요하지 않습니다. 초자연적, 초현실적 상황을 과학적 상상력으로 풀어낼 수 있다면 그것은 SF(science fiction)인 것입니다. '과학'을 가리키는 'science'와 허구, 소설을 가리키는 'fiction'이 결합하여 SF(과학 소설)가 된 것처럼 SF 영화(science fiction film)의 원조는 SF 문학입니다.

　19세기 중반에서 후반에 걸쳐 등장한 SF 문학은 당시 과학과 테크놀로지 발전에 부응하여 등장한 문화적 산물이었습니다. 프랑스의 쥘 베른과 영국의 H. G. 웰스는 SF 문학의 양대 산맥이었습니다. 『해저 2만리 Vingt mille lieues sous les mers』(1869), 『80일간의 세계일주 Le tour du monde en quatre-vingts jours』(1873)를 쓴 베른이 기술적 낙관주의, 즉 유토피아적 세계관에 가깝다면, 『타임 머신 The Time Machine』(1895), 『우주 전쟁 The War of the Worlds』(1898)을 쓴 웰스는 상대적으로 비관적인 디스토피아적 세계관에 가까웠습니다. 이러한 두 세계관은 오늘날의 SF 영화를 지배하는 것이기도 합니다. 영화사 초창기에 나온 조르주 멜리에스(Georges Méliès)의 〈달세계 여행 Le voyage dans la lune〉(1902)이나 무성영화 시대 말기에 제작된 프리츠 랑(Fritz Lang)의 〈메트로폴리스 Metropolis〉(1927)는 각각 유토피아와 디스토피아 세계관을 대변하는 초기 SF 영화의 고전들입니다.

무성영화 시대까지 SF 영화는 유럽을 중심으로 발전했지만 1950년대 이후 SF 영화의 중심은 미국으로 넘어갔습니다. 이미 제2차 세계대전 말기 원자폭탄의 무시무시한 위력을 행사한 1950년대 미국은 핵개발과 우주항공 분야에서 소련과의 경쟁에 매진했습니다. 이 시기 미국에서 저예산으로 제작된 SF 영화는 이런 냉전 시대의 분위기를 반영하고 있습니다. 매카시즘과 비미(非美)활동조사위원회(HUAC)는 미국 내에 있는 공산주의자들을 색출한다는 미명 하에 마녀사냥을 자행했는데, 〈우주 전쟁 The War of the Worlds〉(1953, 리메이크 2005), 〈아웃 스페이스 It Came from Outer Space〉(1953), 〈신체강탈자의 침입 Invasion of the Body Snatchers〉(1956, 리메이크 1978, 1993, 2007) 등에 나오는 외계인 침공에 대한 공포는 광적인 반공주의('외계인이 우리 삶을 파괴하듯이 공산주의자들이 우리 일상을 좀먹고 있다!')를 은유하고 있습니다.

이 시기 SF 영화는 저예산에 특수효과도 변변치 않아서 호러 영화와 함께 B급 장르로 인식됐습니다. 사실, 호러 영화와 동일한 장르로 여겨지기도 했습니다. 그도 그럴 것이 이 당시 SF 영화에는 실험실에 고립되어 자폐적으로 과학 연구에 몰두하는 미친 과학자(mad scientist)나 그가 창조한 괴물, 공격적인 외계인들이 등장했는데, 이들의 위협적인 모습은 프랑켄슈타인 박사의 괴물이나 흉측한 괴수를 떠올리게 만들었습니다. 우리가 〈에이리언 Alien〉 시리즈(1979~)를 SF 영화이자 호러 영화로 위치 짓는 것은 이런 전통에 의한 것입니다. 약간의 차이가 있다면 호러 영화에서 괴물(monster)은 주로 단일한 존재인데 반해, SF 영화에서 괴수(creature)는 집단적인 존재인 경우가 많습니다. 호러 영화에서 괴물이 종종 동정심을 야기하는 존재인 데 반해, SF 영화의 괴수는 거의 인격이 없는 무섭고 유해한 존재입니다. 호러 영화가 주로 개인적인 공간이나 마을 단위를 배경으로 한다면 SF 영화는 한 지역을 넘어 국가, 전 세계, 우주 공간을 배경으로 한다는 점도 차이라고 할 수 있겠습니다.

1968년에 나온 두 편의 영화 〈2001 스페이스 오디세이〉와 〈혹성탈출 Planet of the Apes〉(리메이크 2001, 리부트 2011~)이 SF 영화의 품격을 한 단계 올린 이후 SF는 주류 장르로 부상합니다. 특히, 1977년 조지 루카스(George Lucas) 감독의 〈스타워즈〉의 등장은 SF 장르가 블록버스터 급으로 위상을 높이는 데 크나큰 기여를 했습니다. 같은 해 나온 스티븐 스필버그(Steven

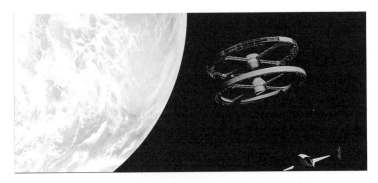

〈2001 스페이스 오디세이〉(스탠리 큐브릭 감독, 1968)

Spielberg) 감독의 〈미지와의 조우 Close Encounters of the Third Kind〉, 1979년 리들리 스콧(Ridley Scott) 감독의 〈에이리언〉, 1982년 같은 감독의 〈블레이드 러너〉의 연속적 등장은 이제 SF 장르가 흥미본위의 B급 장르가 아니라 수준 높은 예술성을 갖춘 A급 장르임을 선언한 것입니다. 2000년대 이후 이러한 흐름은 더욱 가속화하고 있습니다. 새천년을 전후한 시기에 등장한 〈매트릭스 The Matrix〉 시리즈(1999~)나 〈아바타 Avatar〉 시리즈 (2009~), 〈인터스텔라 Interstellar〉(2014) 등에 쏟아진 호평과 흥행 성공은 SF 장르를 가장 확고한 블록버스터 급 장르로 자리매김하고 있습니다.

할리우드를 중심으로 SF 영화의 역사를 간략하게 살펴봤으니 이제 하위 범주에 대해 알아볼까요? SF 영화는 뱀파이어, 오컬트, 좀비 등의 호러 영화처럼 하위 범주가 뚜렷이 구분되지는 않습니다. 그럼에도 몇 가지 경향으로 나눠 볼 수 있습니다.

첫째, 외계인 침공을 다룬 영화들입니다. 외계 생명체나 핵 방사능으로 인한 괴수 등이 등장하는 이 영화들은 지구인으로 대변되는 선과 외계인, 괴수로 대변되는 악의 명확한 대립 구도를 가지고 있습니다. 스필버그 감독, 톰 크루즈(Tom Cruise) 주연으로 리메이크되기도 했던 〈우주 전쟁〉(1953, 2005)은 고전적인 예입니다. 〈인디펜던스 데이 Independence Day〉(1996) 역시 이런 선악 구도를 반복하고 있는 영화죠. 이 외에 〈에이리언〉 시리즈(1979~), 일본의 〈고지라 ゴジラ〉 시리즈(1954~)와 미국 판 〈고질라 Godzilla〉(1998, 리메이크 2014), 한국 영화 〈괴물〉(2006), 〈디 워〉(2007) 등 많습니다. 이 영화들에서 외계인, 괴수는 인간의 삶을 위협하는 철저한 타자를 상징합니다. 그리고 이런 종류의 할리우드 영화를 채우는 것은 미국 제일주의와 국가주의적 영웅주의입니다. 〈인디펜던스 데이〉에선 공군 출신의 대통령이 직접 전투기를 타고 외계인을 격멸하죠. 이런 영화들에서 미국 외의 다른 나라들은 그저 외계인 침공을 우려하는 무력한 이미지로 제시됩니다. 프랑스는 에펠탑, 인도는 타지마할, 일본은 후지산처럼 정형화한 이미지를 배경으로 외계 비행선이 떠 있는 하늘을 바라보며 걱정하는 군중의 모습이 보일 뿐이죠. 그리고 이런 전 세계(!)를 구원할 국가는 미국뿐이라고 그려집니다.

〈우주 전쟁〉(1953)의 외계인 침공 장면

정치적으로 해석하면 이런 영화들이 갖고 있는 국가주의와 공격적 보수주의는 미국이나 백인 외 타 민족, 타 인종에 대한 배제를 은연중에 암시합니다. 그런 점에서 남아프리카 공화국 출신의 닐 블롬캠프(Neill Blomkamp) 감독의 〈디스트릭트 9 District 9〉(2009)은 이런 설정을 재치 있게 뒤집어 놓습니다. 이 영화에선 외계인이 수용소에 수용되고 지구인들이 그들을 철저하게 감시·통제합니다. 특히 배경으로 삼고 있는 남아공이 과거 오랫동안 흑인 차별주의 정책을 펴왔다는 점에서 정치적 독해가 가능합니다. 영화 속 외계인을 흑인이나 유색인종 등 소수자로 읽을 수도 있는 것이죠.

두 번째는 우주여행이나 모험을 다룬 영화로서 이를 스페이스 오페라(space opera) 또는 스페이스 어드벤처(space adventure)라 부릅니다. 이 범주는 우주 비행사들이 우주를 탐험하거나 외계에서 겪게 되는 갖가지 모험 등을 다룹니다. B급 SF 영화가 지배적이었던 1950년대에 꽤 많은 제작비를 들여 만든 A급 SF 영화 〈금지된 행성 Forbidden Planet〉(1956), 〈2001 스페이스 오디세이〉(1968), 〈스타워즈〉 시리즈(1977~2019), 〈스타 트렉 Star Trek〉 시리즈(1979~1998, 리부트 2009~) 등이 대표적인 영화들입니다. 인간이 미생물 크기로 타인의 몸속으로 들어가 질병을 제거하는 〈바디 캡슐 Fantastic Voyage〉(1966)이나 〈이너스페이스 Innerspace〉(1987) 등도 스페이스 어드벤처의 변형이라 할 수 있습니다. 한국 영화로는 〈승리호〉(2021)를 예로 들 수 있겠죠. 물론 스페이스 어드벤처와 외계인 침공 영화는 서로를 배제하지 않습니다. 〈에이리언〉 시리즈는 이 두 범주가 만난 예입니다.

세 번째는 지구의 미래 사회를 배경으로 한 영화들입니다. 사이보그, 로봇, 인공지능, 생명복제 등 현대 과학기술이 고도로 발전하면서 생기는 갖가지 사회적 이슈들을 반영하고 있습니다. 특히, 인간과 기계 사이의 정체성 문제, 정보가 한 곳에 집중됨에 따라 계급이 나뉘고 한 계급이 다른 계급을 감시·통제하는 미래 사회는 이 범주 영화들의 오랜 문제의식이었습니다. 〈바이센테니얼 맨 Bicentennial Man〉(1999), 〈에이 아이 A.I. Artificial Intelligence〉(2001)의 인간보다 더 인간적인 로봇들, 〈로보캅 RoboCop〉(1987, 리메이크 2014)의 인간과 기계가 반씩 섞인 존재의 정체성, 〈가타카 Gattaca〉(1997)의 우성과 열성으로 나뉜 인간들의 세상, 〈아일랜드 The Island〉(2005)의 장기와 신체 부위를 제공해야만 하는 복제인간, 〈인 타임 In Time〉(2011)의 시간이 재산처럼 분배되고 권력화한 계급 사회 등은 몇 가지 예에 불과합니다.

점점 오염되는 환경과 인구 문제, 지구 온난화 등 환경주의(environmentalism)를 표방하는 SF 영화들도 늘어나고 있습니다. 〈투모로우 The Day after Tomorrow〉(2004)는 지구 온난화가 가져올 환경 위기를 경고하고 있고, 〈아바타 Avatar〉(2009)는 에너지 고갈에 이른 인류가 타 행성을 착취하는 상황을 비판적으로 묘사하며, 〈설국열차〉(2013)는 새로운 빙하기를 맞은 지구에서 철저히 계급으로 나뉘어 생존해야 하는 인류의 미래 모습을 그리고 있습니다. 〈부산행〉의 속편 격인 〈반도〉(2020)는 좀비가 휩쓸고 지나간 이후의 세계를 다루고 있죠. 이러한 영화들은 대체로 전 지구를 파괴하는 대재앙이 일어나 대다수 생명체가 멸망한 이후의 세계를 재현하는데, 이를 '포스트 아포칼립스(post-apocalypse)'라 칭합니다.[14]

미래 사회를 배경으로 하거나 현재를 배경으로 하더라도 과학적 상상력만 전제된다면 SF 영화라고 할 수 있기에 다른 장르와 결합할 수 있는 폭이 넓습니다. 〈신체강탈자의 침입〉(1956), 〈에이리언〉 시리즈(1979~1997) 등이 호러 영화와 결합한 예라면 〈스타쉽 트루퍼스 Starship Troopers〉(1997), 〈인디펜던스 데이〉(1996), 〈스타워즈〉(1977~2019) 등은 전쟁 액션 영화의 성격을 띠고 있습니다. 〈블레이드 러너〉(1982)나 〈마이너리티 리포트 Minority Report〉(2002) 등은 필름 누아르나 스릴러의 구도를 갖고 있습니다. 〈이티 E. T. The Extra-Terrestrial〉(1982), 〈바이센테니얼 맨〉, 〈에이 아이〉 등은 가족 영화의 형식을 취하고 있죠. 〈스타워즈〉와 〈에이리언〉 등을 전방위로 패러디한 〈스페이스볼 Spaceballs〉(1987)이나 〈인디펜던스 데이〉의 국가주의와 영웅주의를 비웃는 듯한 〈화성 침공 Mars Attack!〉(1996), 흑백

---

14) 박영석, 『21세기 SF영화의 논점들』, 아모르문디, 2019. 90~91쪽.

경찰 버디 영화를 연상시키는 〈맨 인 블랙 Men in Black〉 시리즈 (1997~2012)는 코미디와 결합한 예입니다.

최근 할리우드 SF 영화는 미래를 배경으로 한 초현실적 요소보다 현대 과학기술로도 일어날 수 있을 법한 현실감 있는 작품들이 각광받습니다. 〈그녀 Her〉(2013)는 인공지능 여성과 사랑에 빠지는 남성의 이야기를 다루는데 이런 설정만 빼면 여느 로맨스 장르와 다르지 않습니다. 미국 독립영화 〈애프터 양 After Yang〉(2021)이 가족과 다름없는 안드로이드의 '죽음' 이후에 남겨진 가족의 삶을 다룬다면, 한국 영화 〈원더랜드〉(2024)는 죽은 사람을 인공지능으로 복원하는 서비스가 일상이 된 세상을 재현합니다. 이러한 영화들이 좀처럼 SF영화처럼 느껴지지 않는 이유는 AI 기술의 발전 속도가 너무 빨라서 지금 당장 현실화한다 해도 놀랍지 않은 세상에 우리가 살고 있기 때문입니다.

우주에서 미아가 된 주인공의 역경을 묘사한 〈그래비티

☞ **버디 영화(buddy films)**
두 사람(주로 남자)이 단짝을 이뤄 우정이나 모험을 수행하는 영화를 말합니다. 특히 2인조가 한 쌍을 이루는 경찰영화가 두드러집니다. 〈리썰 웨폰 Lethal Weapon〉 시리즈(1987~1998), 〈세븐 Seven〉(1995) 등이 대표적입니다. 버디 영화의 남성 중심성은 두 여성의 모험과 우정을 그린 〈델마와 루이스 Thelma & Louise〉(1991)를 통해 역전되기도 합니다. 한국 영화 〈투캅스〉 시리즈(1993~1998), 〈살인의 추억〉(2003), 〈와일드 카드〉(2003) 등도 일종의 경찰 버디 영화라 할 수 있습니다.

Gravity〉(2013)와 〈마션 The Martian〉(2015)은 미래 사회가 아닌 현재의 우주비행사들이 겪을 수도 있는 과학적 상황과 상상력에 바탕을 두고 있습니다. 한국 SF영화 〈더 문〉(2023) 역시 두 영화와 유사한 설정으로 이야기를 전개시키죠. 이런 영화들이 사랑받기 시작한 것은 어쩌면 과학기술의 발전이 가져올 가까운 미래의 세계가 〈스타워즈〉같이 저 먼 은하계의 세계보다 더 현실감 있고 생생하게 다가오기 때문인지도 모릅니다.

3. 판타지 영화

우리는 영화가 현실이 아니란 걸 뻔히 알면서도 왜 영화에 매료될까요? 영화는 현실이 아니면서도 현실처럼 보이게 만드는 환영(illusion)적 성격을 갖고 있다는 점에서 하나의 판타지입니다. 공포, SF, 판타지 등 판탁스틱 장르가 아닌 장르에서도 관객들은 자신만의 판타지를 투영하기도 하죠. 이를 테면, 로맨틱 코미디는 연애에 대한 우리의 판타지에 기반을 두고 있습니다. 우리는 일상의 현실에서 노래와 춤을 추며 거리를 누비지 않지만 뮤지컬 영화에서는 얼마든지 가능합니다. 일종의 판타지죠. 액션영화에 나오는 근육질의 남성 영웅들은 강한 남성과 동일시하는 남성 관객의 판타지입니다. 반대로 〈늑대소년〉(2012)에서 사랑하는 여자에게 헌신적인 늑대소년(송중기)은 여성 관객의 남성 판타지를 충족시켜 줍니다.

이렇게 우리가 현실에서 누리지 못하거나 이루지 못한 꿈을 영화는 대리 만족을 통해 작은 위안이나마 선사하죠. 그중에서도 판타지 장르는 그 어떤 장르보다 우리의 바람과 소망을 표현하고 있습니다. 판타지 영화(fantasy film)는 "만약 …라면(What if)"이라는 전제에 기초합니다. 물론, 호러 영화도 SF 영화도 이 전제를 따릅니다. 그러나 호러 영화의 주요 정서는 두려움(fear)이고 판타지 영화의 주요 정서는 경이로움(wonder)입니다. SF 영화가 과학과 테크놀로지에 의존한다면, 판타지 영화는 마법에 근거합니다. 따라서, 판타지 장르의 가장 중심이 되는 것은 〈반지의 제왕〉 시리즈(2001~2003), 〈해리 포터〉(2001~2011) 시리즈, 〈나니아 연대기〉 시리즈(2005~2010)처럼 마법이 지배하는 세계입니다.

판타지 어드벤처(fantasy adventure)라고도 불리는 이 경향은 주인공(대개 소년)이 우연히 모험에 빠져 들고 거기에서 조력자들과 우정이 싹트며, 모험의 여정 끝에 한층 성장한 자신을 발견하게 됩니다. 이 모험은 자기 발견으로 이끄는 여행이 되는 셈이죠. 그는 마녀, 괴물 등 악한보다 더 강한 순수함의 힘을 획득합니다. 여기에서 환상과 현실 사이의 선택, 마법사와 인간(〈해리 포터〉 시리즈에서 머글(muggles)이라 부르는) 사이의 선택이 그

〈오즈의 마법사〉(1939) 중 '오버 더 레인보우' 장면

〈반지의 제왕〉(피터 잭슨 감독, 2001~2003)

를 한껏 성장시킵니다. 이런 점에서 판타지 어드벤처는 일종의 성장 영화(coming-of-age film)라고 할 수 있습니다.

〈반지의 제왕〉, 〈해리 포터〉, 〈나니아 연대기〉 시리즈보다 더 오래된 고전 판타지 영화들인 〈이상한 나라의 앨리스 Alice in Wonderland〉(1933, 리메이크 2010), 〈오즈의 마법사 The Wizard of Oz〉(1939) 등도 이와 유사한 이야기 구조를 갖고 있죠. 이 영화들은 판타지 어드벤처이기도 하지만 보다 연령층이 낮은 어린이들을 위한 동화(fairy tale)를 원작으로 하고 있기도 합니다. 팀 버튼 감독은 이런 동화적인 판타지 영화에서 타의 추종을 불허합니다. 〈가위손 Edward Scissorhands〉(1990), 〈빅 피쉬 Big Fish〉(2003), 〈찰리와 초콜릿 공장 Charlie And The

Chocolate Factory〉(2005), 〈이상한 나라의 앨리스〉(2010), 〈미스 페레그린과 이상한 아이들의 집 Miss Peregrine's Home For Peculiar Children〉(2016) 등 필모그라피를 잠깐 훑어보는 것만으로도 그가 얼마나 이 장르에서 확고한 위치를 점하고 있는지 알 수 있습니다.

고대의 신화나 중세의 기사도 전설도 판타지 영화의 주요 소재입니다. 〈반지의 제왕〉의 원작자인 톨킨(J.R.R. Tolkien)도 북유럽 신화에서 착안하여 소설을 완성했습니다. 중세 아서 왕 전설에 기초한 〈엑스칼리버 Excalibur〉(1981)에서는 〈반지의 제왕〉의 절대반지에 해당하는 신검(神劍) 엑스칼리버가 등장합니다. 이러한 영화에서 반지와 검이 상징하는 것은 절대적 가치입니다. SF 영화 〈스타워즈〉도 이런 기사도 전설을 차용하는데 제다이의 기사들이 추구하는 정신적인 힘을 가리키는 '포스(Force)'가 그렇습니다. 2000년대 이후에는 〈글래디에이터〉(2000), 〈트로이 Troy〉(2004), 〈알렉산더 Alexander〉(2004), 〈300〉(2006) 등 에픽 영화의 부흥과 함께 에픽 장르와 맞물린 판타지 에픽도 한 유행을 형성했었습니다. 위의 영화들이 판타지적 요소가 크지 않은 반면 〈타이탄 Clash Of The Titans〉(2010), 〈신들의 전쟁 Immortals〉(2011) 등은 신화 속에 등장하는 신과 인간의 전쟁을 다루는 등 판타지적 요소가 매우 강합니다.

그러나 뭐니 뭐니 해도 오늘날 우리에게 가장 인기 있는 판타지는 슈퍼 히어로(super hero) 장르일 겁니다. 슈퍼 히어로 영화들은 SF와 판타지의 애매한 경계에 있습니다. 예를 들어 헐크와 스파이더 맨 등 과학 실험에 의해 우연히 초인이 된 슈퍼 히어로는 과학적 상상력이라는 SF적 성격을 갖고 있습니다. 그에 반해 북유럽 신화의 영웅인 토르 등은 판타지적 성격이 더 강해 보입니다. 하지만 이러한 구분은 사실 불필요한 것이고 더 중요한 것은 과학적 상상력이든 신화적 상상력이든 이 영웅들이 전지전능한 능력을 염원하는 인간의 욕망을 투영하고 있다는 것입니다. 특히, 거대한 자본주의 시스템 속에서 톱니바퀴처럼 살고 있는 현대의 소시민들에게 환상 속에서나마 대리만족을 준다는 매력이 있죠.

그런 점에서 슈퍼 히어로 영화들은 별 볼일 없는 현실에서 도피하고픈 우리의 도피 심리를 자극합니다. 그래서 이 영웅들은 대개 전지전능한 초인과 평범한 인간이라는 이중 자아를 갖습니다. 〈슈퍼맨 Superman〉 시리즈(1978~1987, 리부트 2006~)에서 완전무결한 영웅 슈퍼맨이 망토를 벗어젖히면 어리바리한 신문기자 클라크 켄트가 있고, 〈스파이더맨 Spider-Man〉(2002~2007, 리부트 2012~)에서 날렵한 영웅 스파이더맨이 가면을 벗어 던지면 월세를 내기 위해 아르바이트를 해야 하는 피터 파커가 있는 식입니다. 어쨌든, 슈퍼맨, 배트맨, 스파이더맨, 원더우먼, 엑스맨, 토르, 캡틴 아메리카, 헐크 등 우리의 초 영웅들은 할리우드 블록버스터의 단골손님이 된 지 오래입니다.

마지막으로 본격적인 판타지 장르라 하기엔 뭣하지만 판타지적 요소가 강하게 들어간 로맨스, 코미디도 빼놓을 수 없습니다. 시간을 넘나드는 사랑과 모험이 로맨스와 결합한 판타지의 주요 특성이라면 코미디는 갑자기 다른 정체성을 갖거나 하루아침에 어른 혹은 아이가 된 캐릭터의 황당한 상황을 다룬 것이 주를 이룹니다. 〈시간 여행자의 아내 The Time Traveler's Wife〉(2009) 나 대만의 청춘 영화 〈말할 수 없는 비밀 不能說的秘密〉(2007) 등이 이런 판타지 로맨스의 대표적인 예들이죠. 2010년대 초중반 한국의 TV드라마는 한동안 이런 시간여행에 지배되었습니다. 타임머신 같은 SF적 설정이 아니라 합리적 이유 없이 시간을 넘나드는 이른바 타임 슬립(time slip)이 대세가 된 적 있죠. 〈옥탑방 왕세자〉(2012), 〈인현왕후의 남자〉(2012), 〈달의 연인: 보보경심 려〉(2016) 등 사극, 판타지, 로맨스가 하나로 수렴됩니다. 〈별에서 온 그대〉(2013~2014)나 〈도깨비〉(2016~2017)처럼 불멸의 삶을 사는 남자의 사랑을 다룬 판타지 로맨스도 큰 각광을 받았습니다. 때로, 〈시그널〉(2016)처럼 타임 슬립은 범죄 스릴러와 결합하기도 합니다.

할리우드에서 정체성이 뒤바뀌거나 하루아침에 나이가 변하는 코미디는 오랜 전통을 갖고 있습니다. 모녀간의 처지가 뒤바뀐 〈프리키 프라이데이 Freaky Friday〉(1976, 리메이크 2003), 자신의 어린 시절로 돌아가는 〈빅 Big〉(1988), 반대로 십대 소녀가 하루아침에 꿈에 그리던 커리어 우먼이 돼 있는 〈완벽한 그녀에게 딱 한 가지 없는 것 13 Going On 30〉(2004) 등 많습니다. 한국 영화 〈언니가 간다〉(2006) 역시 한 여성이 어른이 되어 소녀 시절로 돌아가 지질했던 과거를 바꾸고자 하는 내용을 담고 있고, 〈미쓰 와이프〉(2015)는 잘 나가는 싱글 여자 변호사가 교통사고를 당한 후 한 달간 남편과 애 둘 있는 주부로 살게 된다는 영화입니다. 이런 한국 영화 중 가장 큰 상업적 성공을 거둔 영화는 욕쟁이 할머니가 스무 살 꽃다운 처녀가 돼 벌어지는 갖가지 코믹한 상황을 그린 〈수상한 그녀〉(2014)입니다. 비교적 적은 예산으로 제작할 수 있다는 장점 때문인지 이러한 판타지 코미디는 꾸준히 만들어지고 있죠. 2010년대 중반 이후의 영화로는 〈아빠는 딸〉(2017), 〈내 안의 그놈〉(2019), 〈스위치〉(2023) 등이 이 계보를 이어오고 있습니다.

호러 영화, SF 영화, 판타지 영화는 우리를 두려움에 떨게 하고, 과학적 상상력으로 우리를 놀라게 하며, 주술과 마법의 세계로 우리를 인도합니다. 끔찍한 귀신과 괴물이 우리를 쫓아오든, 외계 생명체가 우리를 공격하든, 사악한 마법사가 우리를 흑마술에 들게 하든 우리는 이 장르들에서 우리 내면에 잠재해 있는 불안과 공포, 무한한 상상이 주는 경이로움, 현실에서 느끼지 못한 환상과 신비로움을 경험합니다. 아마도 그것이 비현실적인 거짓말인지 알면서도 우리가 이 장르들을 찾는 이유일 것입니다.

VII. 범죄 장르

판타스틱 장르가 호러 영화, SF 영화, 판타지 영화를 총칭하듯이 범죄 영화(crime film)도 범죄와 관련한 모든 장르를 총칭하는 포괄적인 용어입니다. 그렇다면 범죄 영화의 하위 장르에는 어떤 것들이 있을까요? 어떤 범죄 영화들은 범죄의 가해자, 즉 범법자들이 주인공으로 등장합니다. 갱스터 영화처럼 조직 깡패들이 나오는 장르가 있는가 하면, 케이퍼 영화(caper film)처럼 소규모의 은행털이범들이 나오는 장르도 있죠. 〈범죄와의 전쟁: 나쁜 놈들 전성시대〉(2011)가 한국적 의미의 갱스터 영화라면, 〈도둑들〉(2012)은 케이퍼 영화에 해당합니다.

또 어떤 범죄 영화들은 셜록 홈즈나 에르큘 푸아로 같은 고전적인 탐정이 주인공으로 등장하기도 하고, 직업 경찰이나 형사들이 주인공으로 나오기도 합니다. 이들은 법의 집행자라 할 수 있습니다. 이런 영화들을 우리는 탐정 영화(detective film), 경찰 영화(police film)라 부를 수 있습니다. 〈오리엔트 특급 살인 Murder on the Orient Express〉(1974, 리메이크 2017), 〈셜록 홈즈 Sherlock Holmes〉 시리즈(2009~) 등이 고전적인 명탐정이 나오는 탐정 영화라면, 〈공공의 적〉 시리즈(2002~2008)는 좌충우돌 강철중 캐릭터가 나오는 경찰 영화입니다. 늘 그런 것은 아니지만 고전적 탐정 영화가 머리를 쓰는 추리에 집중한다면 경찰 영화는 호쾌한 액션을 추구하는 경향이 있습니다. 특히, 1970~80년대 할리우드에서는 〈더티 해리 Dirty Harry〉 시리즈(1971~1983), 〈리썰 웨폰〉 시리즈(1987~1998) 등 다혈질의 형사들이 나오는 경찰 영화들이 유행이었습니다.

마지막으로 누명을 쓰고 쫓기거나 거대한 음모에 연루되는 범죄의 피해자들이나 희생자들이 주인공인 영화들이 있습니다. 어떤 학자는 이런 영화를 '희생자 영화(victim film)'라 칭하기도 하지만 널리 인정받는 용어는 아닙니다. 이런 영화를 가장 많이 만들고 또 장르의 문법을 세운 사람은 서스펜스 스릴러의 거장 앨프레드 히치콕입니다. 서스펜스 스릴러의 역사는 히치콕 영화의 역사라고 해도 과언이 아닙니다. 어떤 학자들은 히치콕이 경찰, 형사, 탐정을 주인공으로 하지 않고, 거의 누명에 쫓기거나 범죄에 연루된 피해자들을 주인공으로 영화를 찍었기에 서스펜스 스릴러가 범죄 피해자 중심의 장르라고 말하기도 합니다.

그러나 스릴러라는 용어는 좀 더 광범위한 것입니다. 꼭 범죄 피해자나 희생자가 주인공으로 나오는 영화만 스릴러라 부르는 것은 너무 편협한 정의입니다. 경찰, 형사, 탐정이 주인공으로 나오는 영화도 경찰 스릴러, 형사 스릴러, 탐정 스릴러라 부를 수 있고, 더 나아가 갱스터 영화도 스릴러 범주에 넣는 것이 가능합니다. 스릴러는 유연하고 광범위한 용어이기 때문에 어떤 장르와도 결합할 수 있습니다. 최근 할리우드 SF 영화들은 대체로 스릴러의 분위기와 톤을 갖고 있습니다. 또한, 〈달콤, 살벌한 연인〉(2006)이나 〈목숨 건 연애〉(2015)처럼 좀처럼 어울리지 않을 것 같은 로맨스, 코미디와 하나가 되기도 합니다. 최장기 시리즈 영화인 007 시리즈(1962~)나 그 후예 격인 〈미션 임파서블 Mission: Impossible〉(1996~), 제이슨 본(Jason Bourne) 시리즈 (2002~2016) 역시 첩보 스릴러의 형식을 띠고 있죠.

여기에 더해 필름 누아르라 부르는 장르도 있습니다. 1940~50년대에 할리우드에서 유행했던 고전적 필름 누아르는 사립탐정이나 보험사 수사관 등을 주인공으로 매혹적인 팜므 파탈 (femme fatale)이 등장하는 것이 전형적이죠. 이 장르의 탐정들은 완전무결하게 미스터리를 해결하는 고전적 탐정과 다르게 무능함이나 비겁함을 드러내기도 하고, 머리보다는 몸을 많이 쓰는 행동파이기도 합니다. 〈이중 배상 Double Indemnity〉(1944), 〈빅 슬립 The Big Sleep〉(1946) 등은 필름 누아르의 고전적 예입니다. 하지만, 한국에서 누아르라는 용어가 보편화한 이유는 이들 할리우드 고전 영화들보다는 1980년대 중반 이후 큰 인기를 끌었던 홍콩 누아르 때문입니다. 〈영웅본색 英雄本色〉(1986)이 대성공을 거두면서 누아르라는 용어도 저널리즘을 통해 널리 알려졌습니다. 이 홍콩 영화들은 할리우드의 고전적 필름 누아르와는 좀 다른 성격을 갖고 있습니다.

그러면 이제 갱스터 영화, 필름 누아르, 스릴러를 중심으로 범죄 영화의 어두운 세계로 떠나볼까요?

1. 갱스터 영화

갱스터 영화(gangster film)는 미국에서 금주법 시대(1919~1933)에 본격적으로 형성하여 1930년대 대공황기에 장르화했습니다. 금주법 시대에 미국 내 술의 양조와 판매, 수출입이 전면 금지됐지만, 마피아를 비롯한 갱들은 밀수, 밀매 등을 일삼았습니다. 또한 여러 사업(주류 유통, 도박, 성매매, 유흥업소, 마약 등)의 이권을 둘러싸고 갱 조직끼리 학살을 일삼기도 했습니다. 영화로도 제작된 '성 발렌타인 데이의 학살 St. Valentine's Day Massacre' 사건(1929)이 대표적입니다. 알 카포네(Al Capone), 벅시 시겔(Bugsy Siegel), 하이미 와이스(Hymie Weiss) 등 갱스터 보스들의 유명세는 인기 스타에 버금갈 정도였습니다. 주로 선정적인 기사로 대중의 흥미를 끄는 타블로이드판 신문들은 이들의 일상을 자주 보도했고 갱스터 세계는 빠르게 대중화하였습니다. 사회적 현실을 영화화하는 데 관심이 많았던 워너 브러더스는 갱스터 영화의 산실이었습니다. 마침, 1920년대 후반 워너 브러더스 주도로 영화 산업에 사운드가 도입되면서 갱스터 영화는 더 현실감 있게 태어났습니다. 귀를 찢는 기관총 소리와 차바퀴 끌리는 소리가 없는 갱스터 영화는 상상할 수 없을 겁니다.

고전적 할리우드 갱스터 영화의 전형적인 스토리 패턴은 이런 식입니다. 대공황 시대 실업과 빈곤이 만연한 미국 사회. 주로 이탈리아계나 아일랜드계 이민자인 하층 계급 남성이 마피아 등 갱 조직에 몸담게 됩니다. 그는 계급상승 욕구가 강하고 강한 소유욕을 갖고 있습니다. 권력, 재산, 여자 등이 그가 계급의 사다리를 타고 올라갈 때마다 마치 전리품처럼 갖게 되는 것들입니다. 마침내 암흑가에서 화려한 성공을 거두지만 부와 권력은 오래 가지 못합니다. 경찰의 포위망 속에서 그는 비극적이고 숙명적인 죽음을 맞게 됩니다. 한국 영화 중에 고전적 갱스터에 가까운 스토리의 영화는 〈게임의 법칙〉(1994), 〈초록 물고기〉(1997), 〈비열한 거리〉(2006) 등이 있습니다. 각각 박중훈, 한석규, 조인성이 계급의 사다리를 다 오르지 못하고 숙명적 죽음을 맞게 되는 건달을 연기했죠.

갱스터 영화의 남성들은 프로이트(Sigmund Freud)의 정신분석 용어로 구순기(유아기)를 벗어나지 못한 사람들입니다. 그들은 잔인한 폭력을 일삼지만 어떤 순간에는 말할 수 없이 순진하고 유치합니다. 분노조절 장애를 의심케 할 정도로 자주 화를 내지만 가족에게는 끔찍이 잘하는 사람들이죠. 때로 이런 가족애가 지나쳐 여자 형제와의 근친상간적 관계나 어머니에 대한 애착이 과도할 때도 있습니다. 〈스카페이스 Scarface〉(1932, 리메이크 1983)에서 주인공은 여동생에게 근친상간을 연상케 할 만큼 집착하고, 〈화이트 히트 White Heat〉(1949)에서 주인공은 어머니를 끔찍하게 생각합니다. 특이한 것은 이들에겐 아버지가 부재하

〈스카페이스〉(하워드 혹스 감독, 1932)의 기관총 공격 장면

다는 것이죠. 정신분석학적으로 보면 이들은 아버지의 자리(부권)를 계승하지 못하고 아직 어머니와의 동일시를 극복하지 못한 사람, 즉 오이디푸스 콤플렉스를 통과하지 못한 사람입니다.

물론, 이런 주인공이 전부는 아닙니다. 갱스터 장르의 신기원을 이룬 〈대부 The Godfather〉 3부작(1972, 1974, 1990)은 철저하게 부계 중심의 권력 계승을 보여주죠. 갱 조직은 가족을 뜻하는 패밀리라 불리는데, 그들의 사업, 곧 패밀리 비즈니스(family business)에 어머니나 여자 형제가 낄 자리는 없습니다. 〈대부〉뿐 아니라 갱스터 장르는 '여성 혐오'라고 불러야 할 정도로 여성들을 소모품 이상으로 그리지 않습니다. 나오는 여성은 어머니나 누이, 보스의 정부(흔히 '몰 moll'이라 불리는데, 필름 누아르에 팜므 파탈이 있다면 갱스터에는 몰이 있습니다. 그러나 팜므 파탈이 섹스어필을 무기로 능동성을 발휘한다면, 몰은 성적 볼거리 이상도 이하도 아닙니다), 술집 여자, 창부 등입니다. 가끔, 조직의 구성원이 보스의 정부와 사랑에 빠지는 것이 내러티브 전개에서 중요 요소가 되기도 합니다. 한국 영화 〈초록 물고기〉(1997)나 〈달콤한 인생〉(2005)이 이런 설정을 차용하고 있습니다.

갱스터 영화의 도상적 요소로는 매끈한 수트와 중절모, 번쩍이는 실크 가운, 화려한 호텔이나 펜트하우스, 대저택, 호화로운 자동차 등 갱스터의 부와 성공을 나타내는 과시적 기호들이 있습니다. 대조적으로 범죄가 벌어지는 어두운 도시 거리와 골목도 빼놓을 수 없죠. 권총, 기관총 등도 빠짐없이 등장합니다. 한국의 갱스터 영화라 할 수 있는 '조폭 영화(혹은 깡패 영화)'에서는 수트 말고도 알록달록한 셔츠, 굵은 금목걸이 등이 그 자리를 차지합니다. 이는 조폭들의 화려하면서도 저속한 취향을 드러냅니다. 또 한 가지, 옷을 벗었을 때 문신이 조폭임을 표상합니다. 그래서인지 지극히 한국적인(?) 장소인 대중 사우나가 자주 등장하죠.

한국의 조폭 영화에서 자주 등장하는 또 다른 장소로는 재개발 지역이 있습니다. 이는 한국의 조폭들이 오랜 세월 동안 건설업과 결탁한 사회적 현실에 근거합니다. 〈초록 물고기〉(1997), 〈비열한 거리〉(2006), 〈강남 1970〉(2014) 등에서 젊은 조폭들은 상부의 지시에 따라 피도 눈물도 없이 철거민들을 '쓸어버리는' 역할을 담당합니다. 이러한 상황을 이데올로기적으로 접근하면 한국 사회에 대한 사회적 알레고리로도 읽힙니다. 다시 말해서, 한국 사회는 고도의 압축 성장을 이룩한 사회인만큼 많은 부작용도 키워 왔는데, 조폭 영화의 재개발 지역은 경제성장과 계급상승의 알레고리입니다. 철거를 통해 재개발을 이루고, 재개발로 들어선 아파트나 상가는 서민에서 중산층으로 상승한 사람들의 차지가 됩니다. 또한, 조폭들은 철거민들을 삶의 터전에서 쓸어낼수록 조직 내에서 계급상승할 기회를 더 많이 갖게 됩니다. 이런 식으로 이데올로기적 독해를 해 본다면 한국의 조폭 영화는 단지 남성 영웅 판타지를 만족시켜주는 오락 영화가 아니라 훌륭한 사회·역사적 텍스트일 수 있습니다. 〈아수라〉(2016)에서 배우 황정민이 연기하는 악덕 시장 박성배는 조폭이나 다름없는 사람인데, 이런 관점으로 보면 왜 대한민국의 시장이 조폭처럼 그려졌는지 이해가 갈 법도 합니다. 그는 시민들 앞에서 시를 분당처럼 잘사는 곳으로 만들겠다고 하며 '뉴 타운' 건설을 외칩니다. 그가 시장이 되기 전 직업이 무엇인지는 나오지 않지만 금방 추측할 수 있을 것 같습니다. 아마도 그는 조폭 출신의 건설업체 사장이 아니었을까 하고요.

고전 할리우드 갱스터 역시 일그러진 미국 사회와 빗나간 아메리칸 드림을 생생하게 보여줍니다. 〈공공의 적 The Public Enemy〉(1931), 〈스카페이스〉(1932) 등의 영화에서 갱스터 주인공은 숙명적 죽음을 맞습니다. 관객들은 그가 성공의 사다리에서 추락할 것임을 직감적으로 알고 있습니다. 그는 가늘고 길게

사는 것에 대해 경멸을 표합니다. 갱스터 주인공은 죽음에 대한 공포를 극복한 인간입니다. 자신의 운명과 장렬히 맞서 비장한 최후를 맞는 인간입니다. 이는 (남성) 관객에게 강한 카타르시스와 대리만족을 안겨줍니다. 갱스터의 행위는 공황과 그로 인한 실업, 빈곤을 해결하지 못하는 관료 지배계급에 던지는 도전장이기도 하기에, 관객은 그를 영웅으로 취급합니다. 따라서 그의 짧고 굵은 삶을 선망하고 동경하면서, 그의 죽음에 연민과 동정을 표하는 것이죠. 그러나 카타르시스는 극장을 나오는 순간 안도의 한숨으로 변합니다. 관객들은 이것이 허구임을 깨닫고 자신은 반사회적 행동으로 죽임을 당하는 갱스터가 아니라 건전한 소시민임에 안심하는 것이죠.

이것이 갱스터 영화가 미국 사회에 만연한 아메리칸 드림의 모순을 폭로하면서도 봉합하는 부분입니다. "누구나 노력하면 성공 가능"하다는 아메리칸 드림은 계급상승의 열망을 가진 갱스터로 구현되지만, 역으로 갱을 만들어낸 환경들(이민자·하층민·유색인종 차별과 소외)이 노출될 수밖에 없습니다. 갱스터 영화는 이들이 폭력이 아니고서는 계급 사다리에 올라가기 어렵다는 것을 보여주기 때문입니다. 따라서 검열은 유독 갱스터 영화에 엄격하게 적용되었습니다. 폭력, 마약, 섹스 등 다루지 말아야 할 것들을 리스트로 만들었습니다. 거기에는 범죄 방법의 구체적 묘사, 범죄의 미화 등도 들어 있었습니다. 이런 묘사들이 사회 질서를 어지럽힌다는 이유로 금지됐지만, 당국이 진정 두려워한 것은 범죄가 만연한 미국 사회, 그것을 통제하지 못하는 기성사회가 관객에게 노출되는 것이었을 겁니다. 왜냐하면 도시의 범죄는 빈곤이라는 물리적 박탈, 소외라는 심리적 박탈을 동반하는 것이기 때문입니다.

고전 할리우드 갱스터 장르는 이런 검열로 인해 이제 비장한 최후를 맞는 갱스터가 주인공이 아니라 그런 갱스터를 잡아들이는 형사, 경찰을 주인공으로 하는 장르로 변모했습니다. 반사회적 장르가 갑자기 친사회적 장르가 된 것입니다. 고전 갱스터 영화는 1930년대 대공황 시대가 저물자 서서히 쇠퇴했습니다. 그리고 그 자리에는 고독하고 냉소적이며 유혹에 흔들리기 쉬운 남성 탐정들의 그림자가 드리웠습니다. 바로 하드보일드 탐정들의 등장입니다. 그리고 그들이 활약한 장르, 필름 누아르가 1940년대 미국 사회의 어둠을 이어갔습니다.

2. 필름 누아르

필름 누아르(film noir)는 '검은 영화'라는 뜻의 프랑스어입니다. 이 용어의 기원은 이렇습니다. 1944년 프랑스가 나치 독일로부터 해방되면서 독일 점령 당시 수입이 불허됐던 일련의 미국 영화들이 홍수처럼 밀려들어왔습니다. 그중에는 어두운 조명을 많이 사용하고 냉소적인 성격의 사립탐정들이 주인공인 몇몇 영화들이 있었는데, 이를 프랑스 영화비평가 니노 프랑크(Nino

Frank)가 필름 누아르라 처음 명명했다고 합니다. 대부분의 영화 장르 용어들이 저널리스트나 마케터들의 광범위한 사용을 통해 관객에게 알려지는 것과 달리, 필름 누아르라는 장르 용어는 비평가에 의해 명명된 거의 유일한 예라 할 수 있습니다. 프랑스에서 범죄 소설을 가리키는 로망 누아르(roman noir)라는 용어가 영화로 이식된 것이죠.

그러면 프랑스 비평가들이 발견한 1940년대 고전적 할리우드 필름 누아르는 어떤 영화들이었을까요? 우선, 영화 이전 하드보일드 탐정 소설(hard-boiled detective novel)의 영향을 언급해야 합니다. 이 소설들의 주인공은 우월한 두뇌 플레이에 의존하는 셜록 홈즈, 에르퀼 푸아로, 엘러리 퀸 등 고전적 탐정과는 달리 동물적 감각과 행동에 의존하는 행동파 탐정들입니다. 레이먼드 챈들러(Raymond Chandler)가 창조한 필립 말로우, 대쉴 해밋(Dashiell Hammett)이 창조한 샘 스페이드가 대표적인 캐릭터들입니다. 고전적 탐정들이 범죄에 대해 완전무결한 해법을 내놓는데 반해 하드보일드 탐정들은 범죄자를 응징하기보다는 사건 의뢰인(주로 대부호)의 부패, 비리, 음모를 확인하고도 그와 절연하지 않는 도덕적 모호성을 비칩니다. 이들을 둘러싼 세계는 사회악, 비관주의, 의혹, 음울함으로 가득 차 있죠. 대쉴 해밋 원작의 〈말타의 매 The Maltese Falcon〉(1941), 레이먼드 챈들러 원작의 〈빅 슬립〉(1946) 등 필름 누아르의 고전들 상당수가 하드보일드 탐정 소설 원작입니다.

이제 고전적 필름 누아르의 내러티브적, 캐릭터적 특성을 알아볼까요? 이 장르에서 전형적인 주인공은 사립탐정이거나 보험사 수사관, 변호사 등 전문직 남성입니다. 이들은 주로 대부호로부터 사건을 의뢰받고 수사에 착수합니다. 그러나 수사를 진행할수록 부르주아 세계의 부패와 타락, 그리고 자신이 감당할 수 없는 거대한 힘 앞에서 무력감을 느낍니다.

플롯은 현재 시점에서 과거에 벌어진 나쁜 일(도대체 무슨 일이 벌어진 것인가?)을 회상하는 플래시백 구조가 많습니다. 특히, 주인공의 보이스 오버 내레이션으로 과거의 일들이 서술됩니다. 관객은 이미 서두에서 제시된 파멸적인 결말을 알기에 '예정된 운명'을 따라가는 방식을 취합니다. 영화 전체를 지배하는 정서는 피할 수 없는 운명론과 비관주의입니다. 갱스터 주인공이 운명과 맞서는 영웅주의적 면모를 보이는 외향적이고 능동적인 캐릭터인데 반해, 누아르 주인공은 왜 이런 나쁜 일이 일어났는지 전전긍긍하는 운명론적 체념주의자인 경우가 많습니다.

이런 누아르 주인공들을 헤어나올 수 없는 덫에 빠뜨리는 여성

> ☞ **보이스 오버 내레이션(voice-over narration)**
> 극중 캐릭터의 입이 아닌 화면 밖에서 나오는 목소리로서, 보통 캐릭터의 생각이나 기억을 전달하기 위해 쓰입니다. 영화 속 캐릭터의 목소리로 전달되는 1인칭 내레이션이 대부분이지만, 때로 전지적 내레이션인 경우도 있습니다. 1960년대 한국의 고전 사극 영화에서 역사적 배경을 설명하는 전지적 내레이션은 매우 흔했습니다.

캐릭터가 있습니다. 바로 팜므 파탈이죠. 팜므 파탈은 치명적인 성적 매력을 무기로 주인공을 유혹하고 파멸에 빠뜨립니다. 때때로 전통적인 남성 영역으로 쉽게 진입하기도 합니다. 그녀들이 손가락 사이에 끼운 담배나 쥐고 있는 권총은 남성들을 압도하는 권력을 상징하기도 합니다. 그래서 페미니즘 영화비평가들은 갱스터 영화에서 보스의 정부를 가리키는 몰(moll)보다 필름 누아르의 팜므 파탈을 더 높이 평가합니다. 나아가 페미니즘 비평가들은 필름 누아르가 유행했던 1940년대 초중반이 제2차 세계대전 시기였다는 것을 상기시키며 팜므 파탈을 다음과 같이 해석하기도 합니다. 남성들의 참전으로 빈자리를 공장 등에서 여성들이 훌륭하게 메꾸었지만 종전 직후 남성들이 돌아오자 여성들은 다시 가정으로 귀환합니다. 팜므 파탈은 바로 이 여성들에 대한 남성들의 두려움을 반영한다는 겁니다. 여성들의 증대하는 경제적, 성적 독립성에 대한 남성들의 두려움 말입니다.

위에서 거론한 내러티브적, 캐릭터적 특성이 모든 필름 누아르에 해당하지는 않습니다. 사립탐정이나 팜므 파탈이 부재한 누아르도 있고, 플래시백이나 보이스 오버 내레이션을 취하지 않는 누아르도 많습니다. 그래서 어떤 학자들은 필름 누아르가 내용적 특성에 의해 정의되지 않고 형식적 스타일일 뿐이라고 주장하기도 합니다. 어떤 내용이나 캐릭터이든 간에 누아르적 스타일이 있다는 것이죠. 이런 주장도 일리가 있습니다. 그도 그럴 것이 필름 누아르는 뚜렷한 영화적 스타일을 가지고 있습니다. 우선 세팅에선 비 내리는 밤거리, 싸구려 호텔방, 네온사인, 카페, 나이트클럽 등이 자주 나옵니다. 그리고 무엇보다 천장에 커다란 환풍기(fan)가 돌아가는 후텁지근한 사립탐정 사무소가 있습니다. 벽이나 바닥, 계단 등에 길게 드리운 그림자도 빼놓을 수 없습니다. 수평선보다 사선을 중시하는 기하학적 미장센은 1920년대 독일 표현주의 영화를 떠오르게 합니다. 이는 나치 독일을 피해 영화인들이 미국으로 대거 망명한 것에도 원인이 있습니다. 〈이중 배상〉(1944)의 빌리 와일더(Billy Wilder), 〈창가의 여인 The Woman in the Window〉(1944)의 프리츠 랑, 〈살인자들 The Killers〉(1946)의 로버트 시오드맥(Robert Siodmak) 감독은 모두 독일 출신입니다. 아마도 조명은 필름 누아르의 스타일을 이야기할 때 가장 많이 거론되는 특징일 겁니다. 선명한 윤곽보다는 실루엣에 집중하는 로우 키 조명은 빛과 그림자의 강렬한 대비가 특징입니다. 이러한 조명을 키아로스쿠로(chiaroscuro) 조명이

☞ **독일 표현주의 영화**
1920년대 독일에서 제작된 영화들로서 기하학적이고 양식화한 세트, 과장된 연기, 기이한 분장, 명암 대비가 뚜렷한 조명 등으로 인공적 표현성을 강조했던 영화 사조를 가리킵니다. 영화의 주제도 몽유병자, 흡혈귀, 악마 같은 힘의 지배를 받는 인물 등 광기와 공포를 주로 다뤘습니다. 대표작으로 〈칼리가리 박사의 밀실 Das Cabinet Des Dr. Caligari〉(1920), 〈노스페라투 Nosferatu〉(1922) 등이 있습니다. 독일 표현주의 영화는 할리우드의 호러 영화와 필름 누아르에 적지 않은 영향을 미쳤습니다.

〈이중 배상〉(빌리 와일더 감독, 1944)

라 부르기도 하는데, 그보다는 누아르 조명이라는 말이 더 흔하게 쓰일 정도로 누아르 장르의 징표입니다. 특히 담배 피우는 장면에서 성냥의 불빛이나 측면 조명으로 인물의 옆모습이 비춰질때, 얼굴 한쪽은 강조되고 다른 한쪽은 어둠 속에 남겨짐으로써 캐릭터의 도덕적 모호성이 표상되기도 합니다. 이러한 시각성은 고전적 필름 누아르가 성행했던 1940년대가 흑백 영화의 시대였기에 더욱 효과적이었습니다.

한국 영화에서 고전적 필름 누아르에 가까운 영화는 그리 많지않은 것 같습니다. 1990년대 영화로는 강수연이 팜므 파탈로 등장했던 두 편의 영화 〈장미의 나날〉(1994)과 〈블랙잭〉(1997), 심은하가 팜므 파탈을 연기했던 〈텔 미 썸딩〉(1999)이 있습니다. 고(故) 이은주의 마지막 영화인 〈주홍글씨〉(2004)도 누아르의색깔이 강한 영화입니다. 일본 추리작가 미야베 미유키(宮部みゆき)의 원작을 변영주 감독이 영화화한 〈화차〉(2012)도 고전적필름 누아르 서사에 가깝습니다. 이 영화에서 이선균은 실종된연인을 애타게 찾는 남자로, 김민희는 그 남자를 혼란에 빠뜨리는 수수께끼 같은 여성, 즉 팜므 파탈로 등장하죠. 영화를 보신분은 아시겠지만 기구하고 가련한 팜므 파탈입니다.

그러나 한국 영화에서 누아르 하면 이런 고전적 필름 누아르보다는 조폭이나 경찰이 등장하는 범죄 영화를 가리키는 경우가 많습니다. 이는 아마도 1980~90년대 국내에서 큰 인기를 끌었던 홍콩 누아르의 영향으로 보입니다. 〈영웅본색〉(1986), 〈첩혈쌍웅 喋血雙雄〉(1989), 〈첩혈가두 喋血街頭〉(1990) 등 이 영화들은 범죄조직 간의 전쟁, 사나이들 간의 의리와 배신을 주제로 매우 스타일리시한 액션을 보여줬습니다. 특히 이 장르에서 타의 추종을 불허했던 오우삼(吳宇森) 감독은 할리우드 액션에서는 좀처럼 볼 수 없었던 쌍권총과 우아한 슬로우 모션으로 액션 연출의 신경지를 개척했습니다. 1997년 홍콩의 중국 반환을 암시하는 세기말적 불안감과 그 불안을 상쇄시켜 줄 영웅에 대한 집단적 열망이 홍콩 누아르의 숙명적 영웅주의를 한층 멋들어진 것으로 만들었습니다. 이후 한국의 범죄 영화들은 이 홍콩 누아르로부터 많든 적든 영향을 받았습니다. 〈달콤한 인생〉(2005), 〈비열한 거리〉(2006), 〈범죄와의 전쟁: 나쁜 놈들 전성시대〉(2011), 〈신세계〉(2012), 〈아수라〉(2016), 〈브이아이피〉(2017), 〈지푸라기라도 잡고 싶은 짐승들〉(2020), 〈다만 악에서 구하소서〉(2020), 〈낙원의 밤〉(2021), 〈경관의 피〉(2022), 〈뜨거운 피〉(2022) 등의 영화들이 갖고 있는 냉혹함, 사나이들의 의리와 배신, 음울한 분위기 등은 한국형 누아르의 지배적 특징이 되고 있습니다. 고전적 필름 누아르에 등장하는 사립탐정이 우리나라에 없다는 점도 한몫하겠지만, 그보다는 냉소적이고 음울하며 잔혹한 하드보일드풍이 이 영화들을 누아르라 불리게 만든 것 같습니다. 물론,

갱스터 장르에 가까운 홍콩의 범죄 영화들을 홍콩 누아르라 명명하면서 생긴 혼선일 수도 있습니다.

고전적 필름 누아르가 됐든 한국적 누아르가 됐든 누아르 장르는 빛과 어둠이 공존하는 장르입니다. 누아르 조명의 강렬한 명암대비는 우리를 매혹시킵니다. 그러나 누아르가 다른 어떤 장르보다 신비롭고 매혹적으로 보이는 것은 인간 내면의 불안과 허무, 냉소와 비관, 잔혹성과 염세주의를 빛과 어둠이라는 영화 본연의 시각성으로 전달하기 때문일 것입니다.

3. 스릴러 영화

스릴러(thriller)는 멜로드라마, 코미디만큼 광범위한 유형을 포함하는 장르입니다. 가장 대표적인 스릴러는 물론 범죄 스릴러(crime thriller)지만, 갱스터, 필름 누아르, SF, 호러, 심지어는 코미디까지 스릴러의 양식을 취할 수 있습니다.

스릴러는 크게 두 가지 서사 구조에 따라 미스터리 스릴러(mystery thriller)와 서스펜스 스릴러(suspense thriller)로 구분합니다. 미스터리 스릴러는 사건에 대한 상세한 정보를 관객에게 제공하지 않습니다. 극중 인물이 정보를 가지고 사건을 해결하는 형식이죠. 관객은 이 인물이 아는 것만큼 알게 됩니다. 그러나 결정적인 정보는 그만이 알고 있고 관객에겐 숨겨지죠. 하지만, 그가 어떤 식으로 그 정보를 알게 됐는지는 숨김없이 관객에게 전달돼야 합니다. 따라서 복선과 암시가 대단히 중요합니다. 따라서 이런 실마리를 제시해 주지 않거나 추리과정을 낱낱이 설명해 주지 않는 미스터리 스릴러는 수준이 낮다고 평가됩니다.

미스터리 스릴러는 보통 누가 범인인지 밝히는 것에 집중하기 때문에 '후더닛(whodunit)'이라 불리기도 합니다. 후더닛은 'Who has done it?', 즉 '누가 그 일을 했나?'라는 말에서 기인한 것이죠. 대부분의 고전적 탐정소설(추리소설)은 후더닛의 성격을 갖고 있습니다. 그러나 누가 범인인지를 밝히는 것뿐 아니라, 범죄과정이 어떤 식으로 이뤄진 것인지 밝히는 것도 미스터리 스릴러의 중요한 한 축입니다. 그래서 〈화차〉(2012)처럼 누가 범인인지 거의 초반부에 알게 되는 경우라도, 왜 그가 그런 범행을 벌였는지 그 과정을 하나하나 밝혀나간다면 이 역시 미스터리 스릴러라 할 수 있습니다. 한국 영화 중 〈혈의 누〉(2005), 〈극락도 살인사건〉(2007), 〈마더〉(2009)는 미스터리 스릴러의 형식을 취하고 있는 대표적인 영화들입니다.

반면, 서스펜스 스릴러는 사건의 정보를 극중 인물에게 제공하지 않고 관객에게 전달하여 조바심이나 긴장감을 유발합니다. 극중 인물에게 닥친 위기나 음모, 위협 등을 관객이 아는 대신 극중 인물은 모름으로써 이 정보의 격차에서 오는 긴장감이 곧 서스펜스인 것이죠. 서스펜스에 대한 앨프레드 히치콕의 언급이 유명합니다. 폭탄이 장치돼 있는 방에서 대화를 나누는 사람들을 찍는다고 할 때, 감독은 두 가지 방식으로 연출할 수 있습니다. 먼저,

앞선 시간대에 폭탄을 설치하는 사람들의 모습을 보여주지 않는 경우겠죠. 이럴 경우 대화를 나누던 중 갑작스럽게 폭탄이 터져 관객들은 깜짝 놀라게 될 겁니다. 하지만 긴장이나 조바심은 일어나지 않겠죠. 서스펜스는 폭탄을 설치하는 사람들을 미리 보여줘 관객에게 그 사실을 인지시키고, 그 후 방에 들어와 대화를 나누는 사람들을 보여줌으로써 관객의 손에 땀을 쥐게 할 만큼의 긴장감을 자아내는 것입니다. 히치콕은 단순한 놀람(surprise)의 방식보다 이 방식이 훨씬 더 극적인 효과를 자아낸다고 말하는데, 이는 틀림없는 사실인 것 같습니다.

서스펜스가 '연기 · 유보 · 유예하다'라는 뜻을 지닌 'suspend'에서 온 말임을 감안한다면 히치콕의 설명은 딱 들어맞습니다. 관객에게 미리 정보를 알려주고 그 결과를 유예함으로써 극적 효과를 얻는 것이니까요. 물론, 극중 인물이 자신에게 닥친 위기나 위협을 꼭 몰라야 한다는 법칙은 없습니다. 서스펜스는 위기나 위협을 알게 되더라도 그것을 해결할 방법이 없을 때도 발생합니다. 예를 들어 위의 경우에 폭탄의 존재를 알아차리지만 방이 폐쇄되어 나갈 방법이 없을 때도 서스펜스는 효과를 발휘합니다. 보통 미스터리 스릴러는 탐정 영화, 탐정 미스터리 영화라 부르고, 스릴러 하면 서스펜스 스릴러를 가리키는 경우가 많습니다. 그렇기 때문에 스릴러의 주인공도 탐정이나 경찰 같은 직업적 수사관들이 아니라 범죄나 법 지식이 전혀 없는 평범한 시민이 지배적입니다. 음모, 위기, 위협 등에 어떻게 대처해야 할지 모를 때 서스펜스는 더욱 배가되는 것이죠. 그렇다고 이러한 피해자 중심 서사만이 스릴러인 것은 아닙니다. 스릴러는 워낙 광범위한 용어라 탐정이 주인공이면 탐정 스릴러, 형사가 주인공이면 형사 스릴러라 칭할 수 있습니다. 또한, 미스터리와 서스펜스 중 무엇이 더 지배적인지에 따라 미스터리 스릴러와 서스펜스 스릴러를 편의적으로 구분하는 것일 뿐, 대부분의 스릴러는 미스터리와 서스펜스를 적당히 섞어 냅니다. 범인을 미리 알려주지만 결정적인 범죄 정보는 마지막에 가서 제시해 미스터리가 풀리기도 하고, 범인은 숨기지만 탐정(이나 그 역할을 하는 사람)이 모르는 사실을 관객이 간간이 알게 됨으로써 서스펜스가 유발되기도 합니다.

서스펜스는 스릴(thrill)과 유사한 면이 있지만 좀 다릅니다. 스릴을 느낀다는 것은 보다 즉각적이고 신체적입니다. 영화에서 느끼는 긴장뿐 아니라, 우리가 롤러코스터를 탔을 때 느끼는 감정도 스릴입니다. 서스펜스는 그보다 길고 지속적입니다. 위에서 설명한 대로 정보의 격차나 불가항력의 상황이 길고 지속적인 긴장을 가져올 때 그것을 서스펜스라 할 수 있습니다.

이제 스릴러 영화의 전형적인 패턴을 알아봅시다. 법 없이도 살 수 있을 것 같은 평범한 시민이 범죄 사건에 연루됩니다. 가장 흔한 방식은 누명을 뒤집어쓰는 겁니다. 영어로 'wrong man'은 누명쓴 사람을 가리키죠. 히치콕은 이런 영화에 정통했습니다. 그의 영화 중에 〈누명 쓴 사나이 The Wrong Man〉(1956)라는 제목의 영화도 있습니다. 꼭 누명이 아니라도 자신도 알 수 없는 이

〈누명 쓴 사나이〉(1956)의 인상적인 디졸브(오버랩) 장면

유 때문에 쫓기거나 위기에 처하는 것 역시 스릴러의 전형입니다. 한국 영화 〈심야의 FM〉(2010)에서 라디오 DJ가 정체불명의 청취자에게 협박당하는 것처럼 말입니다.

평온했던 주인공의 일상은 완전히 무너지고 극도의 불안과 혼돈, 혼란스러운 미로가 연속됩니다. 그는 여기에서 스스로 빠져나와야 할 운명이지만 이를 위한 전문지식이 없는 평범한 시민일 뿐입니다. 반면 가해자는 지능적인 범죄자나 반사회적 사이코패스인 경우가 많습니다. 특히 2008년 〈추격자〉가 500만 흥행을 이룩한 이후 사이코패스는 한국 스릴러 영화의 단골 악역 캐릭터가 되었습니다. 〈트럭〉(2008), 〈실종〉(2009), 〈심야의 FM〉(2010), 〈무법자〉(2010), 〈악마를 보았다〉(2010), 〈이웃사람〉(2012), 〈몬스터〉(2014), 〈그놈이다〉(2015) 등에 사이코패스가 등장하죠. 실제 연쇄살인 범죄를 선정적으로 다루는 저널리즘이 사이코패스의 개념을 대중화시킨 측면, 제작자 입장에선 범죄의 동기를 구구절절 설명하지 않아도 된다는 편리함이 이 캐릭터를 매우 손쉽게 활용할 수 있게 했다고 볼 수 있습니다. 2010년대 이후엔 〈더 테러 라이브〉(2013), 〈특종: 량첸살인기〉(2015)처럼 불의한 세상에서 소외돼 불만을 품는 사람들이 가해자로 등장하는 영화가 늘어나고 있죠.

스릴러 장르에서는 불가항력적인 위기를 주인공이 어떻게 헤쳐 나갈 것인가에 대한 스릴과 서스펜스가 영화를 채웁니다. 자연스럽게, 미궁에 빠진 사건 속에서 고통받는 피해자/희생자의 입장이 관객의 관점과 일치됩니다. 이 관점의 일치가 감정이입을 이끌고 관객은 주인공의 악몽을 같이 경험하게 되는 거죠.

무고한 시민이 자신도 모르게 위기에 빠지는 설정이 스릴러 영화의 전형이라 하지만 한국 영화에선 (전직) 경찰이나 특수요원이 전문지식과 강건한 육체적 능력으로 위기를 헤쳐 나가는 경우가 더 많습니다. 〈추격자〉(2008), 〈아저씨〉(2010), 〈악마를 보았다〉(2010)처럼 흉악범에 희생당한 피해자(연인, 가족이거나 가족 같은 이)를 위해 복수하는 스릴러가 그 예입니다. 이 경우엔 치밀한 수사보다는 흉악범에 대한 복수의 과정에서 벌어지는 액션이 장르적 기대감을 형성합니다. 할리우드 영화로는 전직 특수요원 아버지

〈추격자〉(나홍진 감독, 2008)

가 납치된 딸에 대한 처절한 복수를 감행하는 〈테이큰 Taken〉 시리즈(2008~2015)가 생각납니다. 그래서 그런지 이 영화들을 액션 스릴러라 하기도 하고, 스릴러라는 말을 빼고 그냥 범죄액션 영화라 칭하기도 합니다.

스릴러는 광범위한 장르이기에 하위 장르 역시 폭넓습니다. 호러

영화처럼 특징이 명확하지는 않지만 몇 가지로 나눌 수 있습니다. 가장 일반적인 것은 심리 스릴러(psychological thriller)입니다. 폭력, 액션보다는 내면 심리에 초점을 맞춥니다. 개인의 심리적 트라우마나 소시오패스, 사이코패스 같은 병리적 측면이 주를 이룹니다. 히치콕 감독의 영화는 대다수가 심리 스릴러입니다. 모던 호러의 효시라 불리는 〈싸이코〉나 이 영화의 설정을 그대로 차용한 브라이언 드 팔마(Brian De Palma)의 〈드레스드 투 킬 Dressed to Kill〉(1980)이 대표적인 심리 스릴러입니다.

빼놓을 수 없는 스릴러 중 하나는 법정 스릴러(courtroom thriller)입니다. 재판을 둘러싼 수사와 법리적 논쟁을 다루는 법정 스릴러는 법치주의가 발전된 미국에서 오랫동안 사랑받았던 장르입니다. 미국 배심원 제도의 복합적인 속성을 적나라하게 드러낸 〈12명의 성난 사람들 12 Angry Men〉(1957)은 고전적인 예입니다. 변호사 출신의 스릴러 작가 존 그리샴(John Grisham)의 소설을 영화화한 〈야망의 함정 The Firm〉(1993), 〈의뢰인 The Client〉(1994), 〈타임 투 킬 A Time to Kill〉(1996) 등은 1990년대 인기를 끌었던 법정 스릴러입니다. 한국 영화에도 근래 들어 법정 영화가 심심치 않게 만들어지고 있습니다. 다만 한국 영화의 경우 치밀한 법리 싸움을 지켜보는 스릴러의 장르적 쾌감보다는 사회성에 주목한 법정 드라마가 더 많아 보입니다. 〈의뢰인〉(2011)이 그나마 법정 스릴러라는 장르성과 오락성에 치중한 영화에 가깝고 〈도가니〉(2011), 〈부러진 화살〉(2011), 〈변호인〉

(2013), 〈소수의견〉(2013) 등은 사회적 약자의 인권을 대변하는 사회문제 영화의 성격이 강합니다.

첩보 스릴러(spy thriller) 역시 스릴러 장르의 중요한 일부입니다. 스파이로 침투하여 정보를 빼내거나 스파이들끼리의 숨 막히는 첩보전을 그리는 이 장르는 냉전기에 크게 유행했고 지금도 할리우드에서는 끊임없이 제작됩니다. 007 시리즈, 〈미션 임파서블〉 시리즈, 제이슨 본 시리즈는 동시대 첩보 스릴러의 보증수표들입니다. 이들 시리즈가 호쾌한 액션에 집중하는 데 반해 〈팅커 테일러 솔저 스파이 Tinker Tailor Soldier Spy〉(2011)나 〈모스트 원티드 맨 A Most Wanted Man〉(2014) 등은 냉혹한 스파이의 세계를 너무나도 현실적으로 보여주는 진지한 영화입니다. 한국은 분단국가로서 북한과의 첩보전을 다룬 영화가 간간이 제작되고 있죠. 〈쉬리〉(1998), 〈의형제〉(2010), 〈베를린〉(2012), 〈동창생〉(2013), 〈용의자〉(2013) 등이 이 계보를 이었고, 2010년대 중반 이후에는 첩보 스릴러가 한층 더 블록버스터급 액션영화로 몸집을 불려왔습니다. 〈공조〉(2017), 〈강철비〉(2017), 〈공작〉(2018), 〈PMC: 더 벙커〉(2018), 〈백두산〉(2019), 〈모가디슈〉(2021), 〈헌트〉(2022) 등이 그 예들이죠.

경찰 스릴러(police thriller)도 빼 놓을 수 없습니다. 〈살인의 추억〉(2003), 〈극비수사〉(2014)처럼 수사에 초점을 맞추는 영화들이 있는가 하면, 〈공공의 적〉 시리즈(2002~2008), 〈베테랑〉 1/2편(2015, 2024), 〈범죄도시〉 시리즈(2017~)처럼 액션에 초점을 맞추는 영화들도 있습니다. 버디 영화의 형식을 띠고 있는 〈투캅스〉 시리즈(1993~1998)는 스릴러보다는 범죄 코미디(crime comedy)에 근접해 보입니다.

정치 스릴러(political thriller)는 정치권력의 거대한 음모와 부패한 고위층의 비리, 그로 인한 희생자의 고독한 싸움을 주로 다룹니다. 할리우드 정치 스릴러의 수작인 〈콘돌 Three Days of the Condor〉(1975), 〈모두가 대통령의 사람들 All the President's Men〉(1976), 〈JFK〉(1991) 등은 CIA 등 정보기관의 음모, 대통령 암살 사건의 배후를 파헤치는 영화입니다. 한국 영화는 정치 스릴러가 취약한 편이었는데 2010년대 이후 심심치 않게 등장하고 있습니다. 〈누가 용의 발톱을 보았는가〉(1991)가 1987년 민주항쟁 이후 조금 자유화된 분위기 속에서 나온 선구적인 정치 스릴러라면 〈부당거래〉(2010), 〈내부자들〉(2015) 등은 대한민국 고위층의 가장 추악한 면모를 까발리고 검찰, 언론, 조폭의 유착관계를 폭로하는 정치 스릴러라 할 수 있습니다.

이 밖에도 병원과 의학계에서 일어나는 음모나 의료분쟁 등을 그린 의학 스릴러(medical thriller), 치정에 얽힌 살인 등을 다룬 치정 스릴러(thriller of murderous passion), 에로티시즘과 섹슈얼리티를 강도 높게 표현한 에로틱 스릴러(erotic thriller) 등이 있습니다. 주의해야 할 점은 이 모든 하위 장르들이 결코 서로가 서로를 배제하지 않는다는 것입니다. 〈공작〉(2018), 〈남산의 부장들〉(2020), 〈헌트〉(2022)처럼 첩보 스릴러에 정치적 요소가 강하게 들어가면 정치 스릴러일 수 있고, 경찰 스릴러가 법정에 서면 법정 스릴러가 될 수도 있는 것이죠.

2000년대 중반 이후 한국 영화에서 스릴러는 대세 장르가 된 것 같습니다. 살인, 강간, 강도 등 각종 강력범죄가 늘어나고 미디어를 통해 공권력의 무능을 개탄하는 이야기를 심심찮게 들을 수 있습니다. 사적 복수를 자행하는 영화들이 늘어난 것은 이런 사회적 분위기와 무관하지 않습니다. 2010년대 초반 우후죽순처럼 쏟아져 나왔던 납치, 유괴, 강간, 살인 등을 다룬 영화(〈아저씨〉(2010), 〈악마를 보았다〉(2010), 〈돈 크라이 마미〉(2012), 〈이웃사람〉(2012), 〈공정사회〉(2012) 등) 역시 강력범죄를 선정적인 시각으로 취급하는 사회 분위기와 따로 떼어 생각할 수 없습니다. 클릭수와 시청률에 목매는 선정적인 언론의 맨얼굴은 〈내가 살인범이다〉(2012), 〈더 테러 라이브〉(2013), 〈특종: 량첸살인기〉(2015)에서 쉽게 목격할 수 있죠.

또한 인터넷, 스마트폰, SNS 등 미디어 환경의 변화와 IT강국의 면모는 스릴러 영화에도 강하게 드러나고 있습니다. 〈내부자들〉처럼 비밀 동영상이 삽시간에 유포돼 전 국민이 알게 되거나 〈찌라시: 위험한 소문〉(2013)처럼 증권가 '찌라시'를 둘러싼 추격과 싸움을 다루는 이야기는 한국의 현실 상황을 생생하게 반영합니다. 여러 번 반복해서 돌려볼 수 있는 영화 수용 환경도 많은 변화를 가져오고 있습니다. 〈곡성〉(2016)의 좀처럼 납득하기 어려운 결말을 놓고 벌이는 인터넷상의 무성한 말의 잔치는 관객과 일종의 두뇌 게임을 즐기는, 아니 관객에게 미끼를 던져 현혹시키는 스릴러의 한 단면을 보여줍니다. 관객들은 여러 번 돌려보면서 갖가지 해석을 통해 영화의 빈자리를 채워 넣습니다.

집값이 하락할까 흉악범죄도 쉬쉬하는 아파트 주민들의 집단 이기주의를 다룬 〈목격자〉(2018), 1인 주거 여성을 노리는 범죄를 소재로 한 〈도어락〉(2018), 단 한 번의 중고거래를 통해 모든 일상이 파괴되는 여자의 이야기 〈타겟〉(2023), 귀신·살인마도 등장하지 않지만 몽유병이라는 소재로 사람이 어떻게 변할지 알 수 없는 것에서 오는 공포를 그린 〈잠〉(2023), SNS, 인플루언서, 관음증/노출증의 심리를 파고든 '소셜 미디어 스릴러' 〈그녀가 죽었다〉(2024) 등 한국의 스릴러는 적어도 소재면에서는 진화한 측면을 보이고 있습니다.

범죄 장르는 사회 현실을 드러내기도 하고 판타지를 안겨주기도 합니다. 영화 〈도가니〉(2011)가 소위 '도가니법'을 만들어낸 것처럼 영화와 사회 현실은 분리될 수 없습니다. 한편, 영화 〈친구〉(2001)를 보고 조폭이 되고 싶다는 남학생들이 늘어났던 것을 보면 범죄 영화가 주는 판타지 역시 무시할 수 없습니다. 갱스터의 대중적 영웅주의든, 필름 누아르의 음울한 비관주의든, 스릴러의 혼란스러운 미로이든 범죄 영화는 우리를 긴장시키고 공분을 사게 만들며 또 전율케 합니다. 아마도 그 긴장이 주는 짜릿함이야말로 평생 범죄적 상황과 만나고 싶어 하지 않는 우리가 범죄 영화들을 찾는 이유일 것입니다.

VIII. 그 밖의 장르

위에서 언급한 것 외에도 많은 장르들이 있습니다. 액션, 웨스턴, 뮤지컬, 사극(에픽, 코스튬 드라마, 역사 영화 등), 청소년/청춘 영화, 전쟁 영화, 전기 영화, 재난 영화, 스포츠 영화, 사회문제 영화, 여성 영화, 퀴어 영화, 로드 무비 등입니다. 여성 영화나 퀴어 영화, 로드 무비는 메이저 장르라기보다는 마이너 장르에 가깝습니다. 여성 영화(woman's film, women's cinema)에 대한 개념 규정도 합의된 바가 없습니다. 크게 두 가지 다른 성격의 영화들로 분류됩니다. 첫째는 1930~40년대 할리우드에서 여성 주인공이 등장하고 여성 관객의 사랑을 받았던 일련의 멜로드라마(〈스텔라 달라스 Stella Dallas〉 1937, 〈나우, 보이저 Now, Voyager〉 1942, 〈밀드레드 피어스 Mildred Piers〉 1945 등)를 지칭합니다. 둘째는 정치적으로 여성주의를 표방하는 여성주의 영화(feminist cinema)를 가리킵니다. 서울국제여성영화제에서 상영되는 영화들은 후자에 해당한다고 할 수 있습니다.

퀴어 영화(queer cinema)는 레즈비언, 게이, 양성애, 트랜스젠더/트랜스섹슈얼 등 성소수자가 주요인물로 등장하는 영화입니다. 대체로 독립 영화 쪽에서 많이 제작되지만 〈필라델피아 Philadelphia〉(1993)나 〈브로크백 마운틴 Brokeback Mountain〉(2005)처럼 세계적인 성공을 거둔 주류 상업 영화도 있습니다. 2010년대 이후 퀴어 영화는 국제영화제에서도 각광 받는 장르로 떠올랐는데 〈가장 따뜻한 색, 블루 La vie d'Adèle〉(2013), 〈대니쉬 걸 The Danish Girl〉(2015), 〈걸 Girl〉(2018), 〈타오르는 여인의 초상 Portrait de la jeune fille en feu〉(2019), 〈클로즈 Close〉(2022), 〈괴물 怪物〉(2023) 등은 국제영화제에서 크고 작은 상을 받은 퀴어 영화들입니다. 칸 국제영화제에는 퀴어종려(Queer Palm)상, 베니스 국제영화제에는 퀴어사자(Queer Lion)상이 마련되어 있을 정도죠.

한국의 주류 상업 영화에선 본격 퀴어 영화라 할 만한 영화들이 드문 편인데, 사극의 형태를 띠고 있는 〈왕의 남자〉(2005)나 〈쌍화점〉(2008), 달달한 '브로맨스'와 뮤지컬적 요소도 갖고 있는 〈서양골동양과자점 앤티크〉(2008) 등이 퀴어 코드를 띠고 있습니다. 독립 영화로는 〈후회하지 않아〉(2006), 〈두 번의 결혼식과 한 번의 장례식〉(2012)이 본격 퀴어 영화로서 나름의 상업적 성공을 거뒀습니다. 박찬욱 감독에 여러 스타들이 출연한 〈아가씨〉(2016)는 주류 상업영화로서 가장 큰 흥행을 거둔 퀴어 영화일 것입니다. 최근 개봉한 〈대도시의 사랑법〉(2024)도 상업영화의 틀을 갖춘 퀴어 영화였죠. 그러나 여전히 독립영화가 '퀴어로서의 삶'의 문제에 더 깊이 있게 다가가는 측면은 있습니다. 초기의 퀴어 영화가 주로 남성 동성애에 초점을 맞췄다면, 최근에 올수록 여성 동성애를 다룬 영화도 많아지고 있죠. 독립영화 〈소녀의 세계〉(2016), 〈윤희에게〉(2019), 〈너와 나〉(2022), 〈딸에 대하여〉(2023) 등이 그러한 영화들입니다. 한편, 퀴어로 읽기 가능한 영화들도 있는데, 〈불한당: 나쁜 놈들의 세상〉(2017)은 표면적으로는 퀴어 영화가 아니지만 열광적인 팬덤('불한당원')에 의해 퀴어 영화로 독해된 경우입니다.

로드 무비(road movie)는 일단의 캐릭터들이 길을 떠나는 과정에서 겪게 되는 사건들을 다룬 영화입니다. 자동차와 같은 운송수단, 광활하고 황량한 열린 공간들이 펼쳐지며 여행의 목적은 자기를 인식하고 성찰하게 되는 성장 서사인 경우가 많습니다.[15] 황석영 원작, 이만희 감독의 〈삼포 가는 길〉(1975)은 한국 로드 무비의 고전적 예이고, 1980년대는 〈만다라〉(1981), 〈바보선언〉(1983), 〈고래 사냥〉 2부작(1984, 1985), 〈개그맨〉(1988) 등 한국 로드 무비의 전성기였다고 할 수 있습니다. 1990년대에는 〈세상 밖으로〉(1994), 2000년대에는 제목 그대로 〈로드 무비〉(2002)가 있었습니다.

이 장에서는 뮤지컬, 웨스턴, 전쟁 영화, 사회문제 영화를 간략하게 살펴보려 합니다. 액션 영화도 멜로드라마, 코미디만큼

---

15) 수잔 헤이워드, 『영화사전: 이론과 비평』(개정판), 이영기 외 역, 한나래, 2012, 105~106쪽.

꾸준한 사랑을 받는 장르이지만 범죄 장르와의 친연성, SF·판타지 등 액션 블록버스터로서의 성격 등 앞서 다룬 장르들과 겹치는 부분이 많습니다. 뮤지컬과 웨스턴은 국내에선 취약 장르이지만 영화 장르사적 중요성 때문에 다룰 필요가 있고, 전쟁 영화와 사회문제 영화는 최근 한국 영화에서 주목을 요할 만큼 부상한 장르라 할 수 있습니다.

1. 뮤지컬 영화

뮤지컬(musical) 영화는 영화 탄생 이전, 유럽의 대중적 오페라 형식이었던 오페레타(operetta), 영미권의 버라이어티 쇼에 가까운 보드빌(vaudeville)에 그 기원을 두고 있는 장르입니다. 그러나 무성영화 시대에는 당연히 존재하기 어려웠고, 유성영화가 등장하자마자 융성하기 시작했습니다.

할리우드 초기 뮤지컬들은 가수나 댄서들이 무대 공연을 위해 춤과 노래를 연습하고 그 과정에서 사랑도 싹트는 형식이 많았습니다. 〈브로드웨이 멜로디〉(The Broadway Melody)(1929), 〈42번가 42nd Street〉(1933) 등이 대표적입니다. 무대 뒤에서 벌어지는 이야기를 다룬다는 의미에서 백스테이지 뮤지컬(backstage musical)이라 불리기도 합니다. 초기에는 시도 때도 없이 아무 공간에서 갑자기 노래하고 춤추는 설정이 어색했던 것인지 자연스럽게 직업적인 가수, 댄서들이 무대 안팎에서 노래하고 춤추도록 자리를 깔아줬던 것 같습니다.

　그러다가 얼마 되지 않아 거리, 학교, 공원 어느 곳에서든 또 어떤 상황에서든 노래와 춤이 쏟아져 나오는 뮤지컬들이 등장했습니다. 백스테이지 뮤지컬의 노래들은 꼭 전체 스토리와 관련이 없는 것이 많았지만, 이 새로운 뮤지컬 양식은 스토리와 노래 가사가 긴밀한 연관성을 갖고 통합됐습니다. 그래서 뮤지컬 영화 연구자들은 이것들을 가리켜 통합 뮤지컬(integrated musical)이라 부릅니다. 우리가 잘 아는, TV에서 자주 방영하는 뮤지컬의 고전인 〈오즈의 마법사〉(1939), 〈사랑은 비를 타고〉(1952), 〈사운드 오브 뮤직〉(1965) 등은 모두 통합 뮤지컬의 걸작입니다.

　할리우드의 고전적 뮤지컬은 밝고 명랑한 톤이 지배적이고 스토리상의 갈등과 모순이 있더라도 끝에 가서는 다 함께 춤과 노래를 부르면서 유토피아적인 행복과 통합을 이뤄낸다는 점에서 로맨틱 코미디와 상당히 닮았습니다. 로맨틱 코미디의 전형적인 결말이 결혼이라면 뮤지컬의 전형적인 결말은 춤과 노래를 통한 대화합입니다. 물론, 모든 뮤지컬이 그런 고전적 공식이나 관습을 따르는 건 아닙니다. 특히, 1970년대 이후 낭만적이고 유토피아적인 뮤지컬들은 쇠퇴했고, 급진적인 청년 문화를 반영하는 새로운 뮤지컬 영화가 등장했습니다. 음악도 낭만적인 클래식 풍

〈사운드 오브 뮤직〉(1965)의 'My Favorite Things' 장면

음악에서 록과 재즈로 바뀌었죠. 〈지저스 크라이스트 슈퍼스타〉 (1973)를 비롯하여, 〈토미 Tommy〉(1975), 〈헤어 Hair〉(1979), 〈올 댓 재즈 All That Jazz〉(1979) 등이 그런 영화들입니다.

　본격적인 뮤지컬이라 할 수 없지만 넓은 범주로 보자면 가수나 음악가들이 주인공으로 나오는 음악 영화(music film)도 뮤지컬에 넣을 수 있습니다. 재즈 트럼펫 연주자 쳇 베이커의 전기영화 〈본 투 비 블루 Born to be Blue〉(2015), 퀸의 리드 보컬리스트 프레디 머큐리의 삶을 다뤄 전 세계적인 사랑을 받은 〈보헤미안 랩소디 Bohemian Rhapsody〉(2018), 천재적인 음악성과 화려한 패션으로 대중음악의 아이콘이 된 엘튼 존의 이야기 〈로켓맨 Rocketman〉(2019), 로큰롤의 제왕 엘비스 프레슬리의 일대기 〈엘비스 Elvis〉(2022) 등이 근래에 나온 대중음악가 전기영화죠. 〈원스 Once〉(2006), 〈비긴 어게인 Begin Again〉(2013), 〈위플 래쉬 Whiplash〉(2014), 〈싱 스트리트 Sing Street〉(2016), 〈스타 이즈 본 A Star Is Born〉(2018) 등은 전기영화가 아닌 음악 영화 들로서 국내에서도 사랑받은 작품들입니다.

　그러고 보면 오랫동안 끊겼던 고전적인 뮤지컬 형식을 부활시 킨 것은 〈인어 공주 The Little Mermaid〉(1989), 〈미녀와 야수 Beauty and the Beast〉(1991), 〈라이온 킹 The Lion King〉 (1994) 같은 디즈니 애니메이션이었습니다. 작품성과 대중성에 서 모두 큰 성공을 거둔 〈라라랜드 La La Land〉(2016) 역시 고 전적 형식의 뮤지컬이었죠. 공연 뮤지컬의 본고장인 영국 웨스트

엔드(West End)나 미국 브로드웨이에서 히트한 작품의 영화 버전에는 〈에비타 Evita〉(1996), 〈오페라의 유령 The Phantom of the Opera〉(2004), 〈레미제라블 Les Miserables〉(2012)처럼 모든 대사가 노래로만 전달되는 진귀한 경우도 있는데, 이를 성스루(sung-through) 뮤지컬이라 부르기도 합니다.

한국의 공연 뮤지컬이 많은 마니아층을 확보하고 있는 데 반해 뮤지컬 영화는 SF 장르와 함께 가장 취약한 장르 중 하나입니다. 잘 알려져 있지 않지만 신상옥 감독의 〈아이 러브 마마〉(1975)나 최민수 주연의 〈그녀와의 마지막 춤을〉(1988)은 한국에서 드물게 시도된 본격 뮤지컬 영화입니다. 2000년대 중반에 B급 감수성에 기초한 저예산 상업 영화로서 〈삼거리 극장〉(2006), 〈구미호 가족〉(2006), 〈다세포 소녀〉(2006) 등이 나왔지만 장르의 다양성이라는 차원에서 조명됐을 뿐 좋은 결과를 가져오진 못했습니다. 그러다가 2022년 개봉한 두 편의 토종 뮤지컬 영화가 얼마간의 가능성을 보여주었습니다. 1980~1990년대의 주옥같은 히트곡들이 귀를 즐겁게 하는 〈인생은 아름다워〉는 새로 작곡한 곡들이 아닌 기존의 곡들을 활용하는 주크박스 뮤지컬(jukebox musical)로서 중장년층 관객의 사랑을 받았고, 공연 뮤지컬을 영화화한 안중근 의사의 독립투쟁기 〈영웅〉은 한국 뮤지컬 영화사상 최고의 흥행기록인 300만 관객을 끌어 모았습니다.

그러나 아직 갈 길은 멀어 보입니다. 할리우드나 발리우드(Bollywood. 인도 상업 영화의 본고장 봄베이를 할리우드에 빗댄

말) 뮤지컬의 인기를 따라가려면 창작 뮤지컬의 발굴, 뮤지컬 영화 전문 인력의 양성, 작사·작곡가와 음악감독의 전문화 등 넘어야 할 산들이 많은 것 같습니다.

2. 웨스턴 영화

올드팬들에겐 서부극, 서부 영화라는 한국어로 더 친숙한 웨스턴(western)은 지극히 미국적인 장르이자 유럽에서 미국으로 건너온 백인들의 건국 신화입니다. 그도 그럴 것이 미국은 우리가 인디언이라고 잘못 부르고 있는 북미 원주민(native American)들의 땅이었지만 백인들이 그 땅을 정복하여 근대적 국가를 세웠기 때문입니다. 미국이 영국의 식민지에서 독립한 것은 1776년이지만 국토를 넓혀 황무지나 다름없는 서부를 개척했던 것은 19세기 중후반이었습니다. 따라서 대부분의 웨스턴 영화는 이 시기부터 20세기 초를 배경으로 하고 있습니다.

이 서부 개척시대에는 서부 사나이들의 총싸움과 현상범 추적 등의 모험을 다룬 싸구려 소설(pulp fiction)이 큰 유행을 하기도 했는데, 이것이 웨스턴 영화의 문학적 기원입니다. 또한 이런 소설에나 나올 법한 서부의 실존 영웅들과 악당들, 와이어트 어프(Wyatt Earp), 제시 제임스(Jesse James), 버펄로 빌(Buffalo Bill) 등의 전설 같은 결투나 모험담은 당연히 웨스턴의 중요한 소재가 되었습니다. 웨스턴에는 대평원·계곡·사막 같은 배경, 카우보이 모자 · 권총/소총 · 인디언 복장과 같은 뚜렷한 시각적 도상이 있습니다. 선술집 안이나 근처에서 벌어지는 결투는 웨스턴의 주요한 관습 중 하나입니다.

전성기의 웨스턴은 선악의 대립 구도가 명확했습니다. 주인공은 정의로운 보안관이거나 카우보이, 또는 떠돌이 총잡이였고 악당은 포악한 농장주나 비열한 현상금 사냥꾼, 잔인한 인디언이었죠. 존 웨인, 게리 쿠퍼(Gary Cooper), 헨리 폰다(Henry Fonda), 그레고리 펙(Gregory Peck), 앨런 래드(Alan Ladd) 등 할리우드 고전기의 남성 스타치고 웨스턴의 정의롭고 도덕적인 주인공 역을 맡지 않은 배우가 거의 없을 정도입니다. 그러나 웨스턴의 전성기는 1960년대 이후 저물었습니다. 경향도 정의로운 서부 사나이가 아니라 현상금 사냥꾼이 주인공으로 등장하는 변종 웨스턴(수정주의 웨스턴)으로 바뀌었습니다. 특히 클린트 이스트우드(Clint Eastwood)가 주연을 맡은 〈황야의 무법자 A Fistful of Dollars〉 3부작(1964~1966)은 선악 구도의 파괴, 잔혹한 폭력 묘사 등으로 고전 웨스턴을 완전히 해체시켰습니다. 감독을 맡은 세르지오 레오네(Sergio Leone)를 비롯해 이탈리아 자본과 인력이 주축이 됐기 때문에 이런 변종 웨스턴을 스파게티 웨스턴(Spaghetti Western)이라 불렀고, 수많은 아류작을 낳았습니다.

클린트 이스트우드는 그 이후 정통 서부 영웅 이미지의 존 웨인을 대체하는 반항적인 반영웅(anti-hero)으로서, 많은 웨스턴을 연출한 감독으로서 1970년대 이후 할리우드 웨스턴의 역사를 홀로 쓰다시피 했습니다. 1993년 아카데미 작품상 수상작 〈용서받지 못한 자 Unforgiven〉(1992)는 웨스턴 장르의 역사를 되돌아보고 이스트우드 자신이 쌓아 온 (반)영웅 이미지를 자기 성찰하는 걸작으로 남아 있습니다. 어쩌면 웨스턴 장르가 도달한 최종점이라 할 수 있는 이 영화 이후 그는 다시는 웨스턴을 감독하지도 출연하지도 않고 있습니다.

고전기 할리우드에서 가장 많이 제작된 웨스턴 장르는 이제 수명을 다했지만 여전히 그 명맥은 이어지고 있습니다. 고전 웨스턴을 리메이크하는 것도 하나의 유지 방식입니다. 국내에서도 개봉했던 〈3:10 투 유마 3:10 to Yuma〉(2007)나 〈매그니피센트 7 The Magnificent Seven〉(2016)은 모두 동명의 고전 웨스턴을 리메이크한 것입니다. 최근에는 서부를 배경으로 하되 총싸움 같은 전통적 웨스턴 관습과 달리, 우정이나 시기 · 질투, 욕망과 같은 인간 내면 심리를 깊이 있게 파고드는 〈퍼스트 카우 First Cow〉(2019), 〈파워 오브 도그 The Power of the Dog〉(2021) 등의 새로운 웨스턴이 등장하기도 했죠.

한국 영화는 미국의 서부개척 같은 역사가 없기 때문에 웨스턴 장르가 성립하기 어렵지만 그 영향을 받은 영화들은 있었습니다. 1960년대에 일제 강점기 만주를 배경으로 무장 독립투쟁이나 마적단과의 싸움을 다룬 이른바 '만주 활극' 영화들이 다수 제작됐는데 이 영화들을 오늘날 속칭 '만주 웨스턴'이라 부르기도 합니다. 〈대륙의 밀사〉(1964), 〈무숙자〉(1968), 〈쇠사슬을 끊어라〉(1971) 등은

〈라이언 일병 구하기〉(스티븐 스필버그 감독, 1998)

웨스턴의 영향을 강하게 받은 영화들이고, 우리에게 친숙한 〈좋은 놈, 나쁜 놈, 이상한 놈〉(2008)은 일부러 이 시대 영화들을 떠올리게 하는 패러디 전략을 취하고 있습니다.

3. 전쟁 영화

총탄이 빗발치고 폭탄이 터지는 생사의 갈림길에서 벌어지는 긴장, 엄청난 물량 파괴가 주는 스펙터클한 흥분, 지옥 같은 전장에서 살인 기계가 되는 인간들과 반대로 존엄함을 잃지 않는 인간성(humanity)의 대립. 아마도 전쟁 영화(war film)만큼 극적이고 영화적이며 공감각에 호소하는 장르도 없을 듯합니다.

그러나 전쟁 영화가 꼭 군인들의 전투로만 이루어진 장르는 아닙니다. 물론, 〈라이언 일병 구하기 Saving Private Ryan〉(1998)나 〈태극기 휘날리며〉(2003)처럼 전쟁 액션이 가득한 전투 영화가 전쟁 영화의 대표 유형입니다. 이 장르의 도상은 군복, 철모, 소총과 기관총, 탱크, 전투기, 군함, 항공모함 등으로 채워져 있습니다. 앞서 장르의 공식, 관습, 도상을 설명하는 부분에서 한번 거론했지만 이 유형은 소규모 부대를 주요 무대로 아버지 격의 장교나 부사관의 지휘 하에 미숙한 소년이 끊임없는 전투 속에서 진정한 남자가 되는 이야기, 부대 내의 갈등이 적과의 싸움이라는 국가적 대의 속에서 봉합되는 이야기가 전형적입니다. 그러나 이러한 애국주의를 표방한 영화만 있는 건 아닙니다. 〈풀 메탈 재킷 Full Metal Jacket〉(1987)처럼 어떻게 전쟁이 인간을 살인기계로 만드는지 비판하거나 〈메리 크리스마스 Joyeux Noël〉(2005)처럼 전쟁의 와중에 성탄절 하루만큼은 교전을 하지 말자고 강화조약을 맺은 프랑스, 독일 군대의 1차 대전 실화를 다룬 영화들도 있습니다. 이런 성격의 영화를 반전 영화(anti-war film)라 따로 칭하기도 합니다.

한편, 전투가 전혀 등장하지 않거나 작은 일부로만 등장하는 전쟁 영화들도 많습니다. 전방(front)이 아닌 후방(home front)의 민간인들이 전쟁에서 겪는 이야기를 다룬 '홈 프런트 영화(home front film)'도 한 유형을 차지합니다. 전쟁에서 돌아온 참전용사들의 힘든 적응기는 〈우리 생애 최고의 해 The Best Years of Our Lives〉(1946, 제2차 세계대전), 〈7월 4일생 Born on the Fourth of July〉(1989, 베트남 전쟁) 등에서 잘 나타납니다. 한국 영화 〈하얀 전쟁〉(1992, 베트남 전쟁)처럼 전투 영화의 요소와 참전용사의 적응기가 고루 섞인 영화들도 물론 있습니다.

전쟁 포로들이 겪는 고통이나 탈옥 등의 모험 과정을 그린 영화들을 영어권에서는 특별히 POW(prisoner of war) 영화라고 하는데, 우리말로 하면 전쟁포로 영화쯤 되겠네요. 〈대탈주 The Great Escape〉(1963)는 이런 유형의 고전적인 예입니다. 제2차 세계대전 당시 유대인 수용소는 그 잔인함 때문에 인류사의 큰 쟁점이었죠. 이 유대인 수용소를 다룬 영화들을 홀로코스트 영화(Holocaust film)라 부르기도 합니다. 홀로코스트(holocaust)는 대참사, 대재앙을 가리키는 일반명사이지만 대문자 H가 앞에 붙으면 유대인 대학살을 의미합니다. 〈쉰들러 리스트 Schindler's List〉(1993)는 홀로코스트 영화로서 가장 큰 상업적 성공을 거둔 작품입니다. 〈사울의 아들 Son of Saul〉(2015), 〈존 오브 인터레스트 The Zone of Interest〉(2023) 등 21세기 이후에도 걸작으로 평가받는 홀로코스트 영화가 나오는 걸 보면 이 학살이 인류사에 끼친 영향이 참으로 지대하다는 생각이 드네요. 이밖에도 정규군이 아닌 비정규군의 게릴라전이나 무장 저항을 다룬 레지스탕스 영화(resistance film)도 있는데, 2차 대전 당시 레지스탕스 투쟁이 활발히 진행됐던 프랑스나 동유럽에서 이런 유형의 영화들이 많이 제작됐습니다.

한국 영화사에서 전쟁 영화의 전성기는 1960년대였습니다. 5·16 군사 쿠데타로 집권한 박정희 정권은 군사정부답게 전쟁 영화에 대한 지원을 아끼지 않았습니다. 대부분이 애국주의와 반공주의가 배면에 깔린 영화들이었지만 〈돌아오지 않는 해병〉(1963)처럼 반전 메시지를 담은 수작도 있었습니다.

2010년대 이후 한국의 전쟁 영화는 새로운 국면을 맞고 있습니다. 장르의 진화와 변화를 다룬 앞부분에서도 이야기했지만 대북관계 등 정치·사회적인 변화가 전쟁 영화에 막대한 영향을 미치고 있습니다. 한국전쟁을 다룬 〈포화 속으로〉(2010), 〈장사리: 잊혀진 영웅들〉(2019)은 학도병들의 희생을, 〈인천상륙작전〉(2016)은 잘 알려지지 않았던 첩보전을 부각시키면서 보수적인 애국주의를 강조하고 있죠. 물론 〈고지전〉(2011), 〈서부전선〉(2015), 〈오빠생각〉(2015)처럼 각각 전쟁의 참혹함, 남북 군인들의 화해, 전쟁 고아 합창단의 아름다운 일화를 그린 영화들도 나왔지만 큰 흐름은 애국주의였습니다. 그러나 급속하게 변하고 있는 한국의 정치 상황이 앞으로 나올 전쟁 영화에 또 어떤 전기를 마련해 줄지 좀 더 두고 봐야 할 것 같습니다.

4. 사회문제 영화

사회문제 영화라는 말은 좀 생소하지 않나요? 그도 그럴 것이

이 말은 'social problem film'이라는 영어의 번역어일 뿐, 학계나 언론에서 잘 통용되는 용어는 아닙니다. 오히려 사회 드라마, 사회성/사회파 영화, 사회 고발 영화 등이 더 일반적으로 쓰이는 말일 겁니다. 그럼에도 불구하고 이 용어를 쓰는 것은 단지 영화가 사회성을 띠고 있다는 막연한 성격 규정이 아니라 특정한 사회문제나 사회적 쟁점들을 공론화하는 측면을 강조하기 위함입니다. 영화가 사회를 어느 정도 반영하고 있다면 모든 영화에는 많건 적건 사회적 측면이 들어가기 마련인데, 사회문제 영화는 바로 그런 사회적 측면을 쟁점화 시켜 특별히 부각시키고 강조하는 영화들인 것이죠. 영화 포털 사이트에 보면 이도저도 아닌, '드라마'라 불리는 장르 아닌 장르가 있는데 이 진지한 드라마들 중에는 사회문제 영화로 불릴만한 영화들이 꽤 많습니다.

사회문제 영화는 공식, 관습, 도상 그 어느 것도 뚜렷한 장르가 아닙니다. 이야기의 정해진 틀도 없고 시각적 특성도 찾을 수 없습니다. 그보다는 사회문제를 파고드는 진지한 사회의식으로 우리 사회에 만연한 각종 편견, 보이지 않는 구조적 폭력 등을 드러내고, 불의한 권력에 맞서는 정의로운 주인공이 등장합니다. 그러나 주인공은 권력이나 특출 난 재능을 가진 영웅이 아니라 힘없고 평범한 시민입니다. 때로 권력층의 부패와 비리, 음모를 파헤치는 기자들이나 사회적 약자를 대변하는 법조인 등이 주인공으로 등장하기도 하죠. 그들은 온갖 방해공작과 탄압에 시련을 겪기도 하지만 끝내는 계란으로 바위를 뚫습니다. 물론 바위를 뚫지 못하고 패배하는 이야기도 적지 않습니다. 그럼에도 불구하고 그러한 의로운 사회적 행동이 모여 조금씩 사회를 변화시킬 것임을 암시하면서 끝납니다. 이렇게 볼 때 사회문제 영화는 그 어떤 장르보다 규격화·관습화 되어 있지 않은 장르이자 사회적 현실성(social reality)을 추구하는 장르입니다.

그럼 사회문제 영화에는 어떤 것들이 있을까요? 할리우드 영화에는 흑백 인종문제를 다룬 영화들이 오랜 역사를 갖고 있습니다. 〈나는 탈옥수 I Am a Fugitive from a Chain Gang〉(1932), 〈앵무새 죽이기 To Kill a Mockingbird〉(1962), 〈똑바로 살아라 Do the Right Thing〉(1989)에서 〈헬프 Help〉(2011), 〈히든 피겨스 Hidden Figures〉(2016), 〈그린 북 Green Book〉(2018), 〈유다 그리고 블랙 메시아 Judas and the Black Messiah〉(2021)까지, 이 영화들에는 미국 사회에서 흑인들이 받았던 억압과 차별, 편견 등이 잘 드러납니다. 2006년 아카데미 작품상 수상작 〈크래쉬 Crash〉(2004)는 여기에서 한 발 더 나아가 백인, 흑인, 아시아인 등 다양한 인종과 민족성(ethnicity)이 충돌하고 융합하는 미국 사회의 한 단면을 그리고 있습니다.

여성 차별, 성소수자 차별 문제 역시 빼놓을 수 없습니다. 〈피고인 The Accused〉(1988)은 성폭행을 당한 여성의 인권문제를, 〈노스 컨츄리 North Country〉(2005)는 미국 최초로 여성 피고가 승소한 성희롱 사건을 그리고 있습니다. 힐러리 스웽크(Hilary Swank)가 남성 정체성을 가진 여성으로 등장하는 〈소년은 울지 않는다 Boys Don't Cry〉(1999)는 트랜스젠더에 대한 편견과 폭력을 참혹하도록 생생하게 묘사합니다. 〈밀크 Milk〉(2008)는 동성애자 해방운동가로서 샌프란시스코 시의원이 된 실존 인물 하비 밀크(Harvey Milk)의 삶과 투쟁을 다루고 있습니다.

계급과 노동문제, 환경문제 역시 사회문제 영화의 단골 소재입니다. 한 여성 노동자의 눈물겨운 노동운동을 다룬 〈노마 레이 Norma Rae〉(1979), 하층계급 여성이 오염물질을 누출하는 대기업을 상대로 벌이는 법정 투쟁을 다룬 실화 소재 영화 〈에린 브로코비치 Erin Brockovich〉(2000) 등이 주요한 영화들입니다.

한국에서 사회문제 영화는 독재 권력의 엄혹한 검열에 막혀 오랫동안 제작되기 어려웠습니다. 약간이라도 비판적 시선이 들어가 있거나 사회를 조금이라도 어둡게 그리면 제재가 가해졌습니다. 그래서 〈어둠의 자식들〉(1981)이나 〈꼬방동네 사람들〉(1982)처럼 도시 빈민들의 신산한 삶을 다룬 영화들은 멜로드라마 형식을 취하거나, 사회 풍자가 가미된 〈바보선언〉(1983)처럼 블랙 코미디라는 우회로를 택할 수밖에 없었습니다. 1980년대 후반 민주화 이후 한국의 사회문제 영화는 서서히 정공법을 택하기 시작했습니다. 〈행복은 성적순이 아니잖아요〉(1989)는 청소년 영화의 형식을 취하면서도 입시 스트레스로 인한 자살 등 과중한 교육문제를 비교적 심각한 톤으로 그렸습니다. 같은 시기에 나온 〈단지 그대가 여자라는 이유만으로〉(1990)는 강간으로부터 스스로를 방어하기 위해 가해자의 혀를 깨문 여성의 실화를 진지하게 다룬 영화입니다.

작고한 홍기선 감독은 한국 영화에서 치열한 사회의식을 가지고 일관되게 사회문제 영화를 만든 몇 안 되는 감독입니다. 현대판 노예선이라 불리는 새우잡이 배의 실상을 그린 〈가슴에 돋는 칼로 슬픔을 자르고〉(1992), 비전향 장기수의 불굴의 삶을 다룬 〈선택〉(2003), 이태원 패스트푸드 점에서 실제로 벌어졌던 살인사건을 통해 한미관계의 불평등성을 고발한 〈이태원 살인사건〉(2009) 등이 그의 영화들입니다.

2010년 이후 사회문제 영화는 단지 영화의 사회적 책임을 고민하는 진지한 영화인들만의 작업이 아니라 상업적으로도 가능성이 있는 주목할 만한 장르로 떠올랐습니다. 〈도가니〉(2011)는 한 고아원에서 벌어진 상습적인 어린이 성폭행 실화를 소재로 사회적 공분을 일으키고 큰 상업적 성공도 거둠으로써 이 부상하는 장르의 견인차 역할을 했습니다. 이후 한 해직 교수의 법정투쟁 실화를 다룬 〈부러진 화살〉(2011), 1985년 남영동 대공분실에서 사회운동가(고故 김근태 의원을 모델로 한)에게 가해진 잔인한 고문 사건을 다룬 〈남영동 1985〉(2012), 1980년대 초 학생운동 재판사건인 '부림 사건' 변호인(고故 노무현 대통령을 모델로 한)의 법정 싸움을 그린 〈변호인〉(2013), 삼성 반도체 공장의 산업재해를 소재로 한 〈또 하나의 약속〉(2013), 2009년 용산 참사를 떠올리게 하는 법정 영화 〈소수의견〉(2013), 황우석 줄기세포 조작 스캔들을 모델로 방송 PD의 사건 추적을 묘사한 〈제보자〉(2014) 등이 줄줄이 이어졌습니다. 이후에도 〈재심〉(2017), 〈증

인〉(2019), 〈배심원들〉(2019), 〈블랙머니〉(2019) 등이 사회문
제영화의 계보를 형성했죠. 열거한 영화들을 볼 때 2010년대 이
후 사회문제 영화는 실화를 바탕으로 하면서 법정 투쟁을 극적인
요소로 차용한 영화들이 많아 보이네요.

　사회문제 영화는 사회를 비추는 거울입니다. 2010년대 이후
이런 영화들이 대중의 관심에 따른 장르 사이클 현상을 보인다는
것은 그만큼 우리 사회가 부패와 비리, 사회적 약자에 대한 무시
와 억압, 청산되지 않은 과거사, 대중들을 현혹하는 우민화 정책
등 갖가지 사회문제로 가득하다는 증거입니다. 사회문제 영화는
그런 현실을 폭로하고 비판하며 대중들로 하여금 정치적 허무주
의에 빠지지 않도록 사회적 경각심을 불러일으킴으로써 그 가치
를 인정받고 있습니다.

나오는 글

영화 장르와 제 개인적인 연구 경력에 대한 소회로 마지막을 대신할까 합니다. 제가 장르에 깊은 관심을 갖게 된 것은 영화학 석사과정이었던 2000년대 초반이었습니다. 그즈음 영미에서 출간된 릭 알트먼(Rick Altman)의 『영화/장르 Film/Genre』(1999)와 스티브 닐(Steve Neale)의 『장르와 할리우드 Genre and Hollywood』(2000)는 저로 하여금 영화 장르의 오묘한(?) 매력에 빠져들게 했습니다. 이들의 책을 통해 비로소 저는 장르의 정의와 특성이라는 공시적 개념을 넘어 장르의 역사를 가로질러 왜호러 영화와 SF 영화가 사촌지간인지, 사극이라는 옷은 왜 멜로드라마나 액션이라는 다른 옷과 결합하기 쉬운지 알게 되었습니다. 그들은 한 장르와 다른 장르의 정확한 경계를 획정하는 것이 아니라 반대로 서로 스며들며 경계를 허무는 것으로 장르의 속성을 이야기했습니다. 이 책 I장~III장에는 제가 두 영화학자로부터 받은 영향이 녹아 있습니다.

저는 그들의 이론을 바탕으로 냉전시대 한국의 전쟁 영화와 간첩/첩보 영화가 왜 반공 영화라는 다른 이름을 부여받게 되었는지에 대한 주제로 박사논문을 썼습니다. 저의 박사논문은 한국의 현대사와 반공 영화의 착종관계에 대한 관심사보다는 영화 장르에 대한 관심사로 시작된 것이었습니다. 다시 말해 제 박사논문은 영화 장르에 대한 논문입니다. 그런데 이후 이상한(?) 일이 일어났습니다. 학계의 연구자들은 저를 영화 장르 전공자로 보기보다는 냉전·분단 시대 전쟁 영화와 반공 영화 전문가로 인식했습니다. 급기야 저는 남북한 예술을 연구하는 한 대학의 연구소에서 몇 년간 북한 영화 담당 연구교수로 일하기도 했습니다. 전쟁·반공·분단 영화가 어느 순간 북한 영화와 연결된 것이죠. 이러한 저의 경력은 영화 장르의 속성과 매우 유사합니다. 전쟁·반공·분단 영화는 북한 영화와 공통분모가 있을 수밖에 없습니다. 결국 장르란 조금이라도 공통된 요소들을 찾아 그것을 하나로 분류하고 나열하여 범주화하는 작업입니다. 이 장르가 다른 장르의 옷으로 갈아입기도 하고, 저 장르의 시각적 스타일 속에 이 장르 고유의 이야기 방식이 녹아들기도 합니다. 궁극적으로 장르란 모두 연결되어 있는 것입니다. 장르 연구자로 시작한 저의 연구 경력이 반공·분단 영화의 옷을 입었다가 북한 영화까지 이어졌듯이 말입니다.

저는 요즘 1990년대부터 2010년대까지 한국 영화 장르사를 사이클 연구(cycle studies)의 관점에서 공부하고 있습니다. 사이클 연구는 2000년대 이후 영어권 영화 장르연구의 새로운 경향으로서, 아직 장르화했다고 볼 수 없는 특정 시기 영화의 유사한 패턴이나 한 장르 내에서도 일정 기간 반복되는 구조와 특징을 연구하는 것입니다. 전자로는 2010년대 중후반 〈암살〉(2015)의 상업적 성공 이후 쏟아져 나왔던 일제 강점기 배경 영화를 예로 들 수 있고, 후자로는 2000년대 초중반 조폭 코미디, 2000년대 후반~2010년대 초반 〈추격자〉(2008) 이후 양산되었던 납치·연쇄살인 소재 스릴러 영화를 예로 들 수 있습니다. 장르 연구가 수십 년간에 걸쳐 장기 지속된 장르에 대한 거시적 지형도를 보여준다면, 사이클 연구는 몇 년으로 기록되는 한 시기의 단면도를 제시해줍니다. 즉, 왜 이러한 유사 영화들이 해당 시기에 대거 양산되었는지에 대한 산업적·역사적·이데올로기적 맥락을 더 세밀하게 짚어낼 수 있죠. 도식화하자면 거시적인 장르연구가 미시적인 사이클 연구로 전환했다고 볼 수 있는데, 이는 장르 영화들을 본래의 역사적 맥락 내에서 검토하는 데 필수적입니다. 이러한 미시적 분석이 종합되면 거시적 지형도를 그리는 데에도 큰 도움이 될 수 있는 것이죠.

제가 고민하는 영화 장르 연구의 또 하나의 난제는 영화라는 '장르' 자체에 대한 것입니다. 즉 영화의 개별 장르로서 코미디, 스릴러, SF 등이 아니라 영화와 TV, 영화와 OTT, 영화와 숏폼 등의 경계가 사라지고 있는 시대에 영화 '장르'는 무엇인가 하는 점이죠. 예를 들어 2010년대 이후 청소년 영화 장르는 극장용 영화에서 자취를 감추었는데, 이는 케이블 TV나 OTT 시리즈, 웹드라마가 이 장르를 흡수한 것에서 찾을 수 있습니다.

넷플릭스 시리즈 〈오징어 게임〉(2021)을 보며 이것을 전통적인 TV드라마로 여기는 사람은 없을 겁니다. 화면의 질감, 고도로 장식적인 미장센, 높은 표현 수위 등 어느 모로 보나 영화에 근접하고 있죠. 넷플릭스의 고액 투자, TV드라마라면 허용하기 힘든 표현 수위, 팬데믹 이후 영화 인력들의 OTT로의 이동 등 여러 이유가 겹쳐 OTT 시리즈는 이제 '시네마틱 드라마'라는 말이 나올 정도로 영화를 대체하고 있습니다. 그렇다면 이제 영화의 개별 장르들이 아니라 영화라는 '장르' 자체의 경계는 어디까지인가를 숙고하지 않을 수 없습니다.

아마도 이 책의 다음 개정판이 나올 때쯤이면(그럴 수 있길 바랍니다!), 제가 그간 수행한 사이클 연구나 영화 '장르'의 경계에 대한 고민의 성과도 반영할 수 있을 것이라 여깁니다. 학술적 논의를 대중서에 녹여내는 것은 늘 어려운 일이지만 학자들만의 고담준론이 아닌 '살아있는 지식'을 대중과 공유하는 것은 학문 연구자의 한가한 취미가 아니라 책임이자 의무입니다. 그런 점에서 이 책은 지난 20여 년간 영화 장르를 공부해 오며 어떻게 이 '재미있는 지식'을 대중과 나눌 수 있을지에 대한 저의 고민을 담고 있습니다. 이 책을 읽은 독자들이, 정의하기 어렵고 그 경계가 너무 알쏭달쏭해서 좀처럼 와닿지 않는 영화 장르에 대해 정확한 개념 규정을 하실 수 있기를 바라진 않습니다. 그건 불가능하니까요. 그러나 이 책을 읽고 독자들이 장르 영화를 더 재미있고 풍부하게 경험할 수 있다면 이 책은 소기의 목적을 달성한 것입니다. 진심으로 그럴 수 있길 소망합니다.

<h1 align="center">◈ 참고문헌 ◈</h1>

장르 일반론

김길훈 외, 『영화의 창: 영화 장르』, 한국문화사, 2013.

닉 레이시, 『내러티브와 장르: 미디어 분석의 핵심 개념들』, 임영호 역, 산지니, 2020.

라파엘 무안, 『영화 장르』, 유민희 역, 동문선, 2009.

문재철 외, 『대중영화와 현대사회』, 소도, 2005.

배리 랭포드, 『영화 장르: 할리우드와 그 너머』, 방혜진 역, 한나래, 2010.

배상준, 『장르 영화』, 커뮤니케이션북스, 2015.

수잔 헤이워드, 『영화사전: 이론과 비평』(개정판), 이영기 외 역, 한나래, 2012.

제프리 노웰-스미스 편, 『세계 영화 대사전』, 이순호 외 역, 미메시스, 2015.

존 벨튼, 『미국영화 미국문화』, 이형식 역, 경문사, 2003.

토머스 샤츠, 『할리우드 장르: 내러티브 구조와 스튜디오 시스템』, 한창호·허문영 역, 컬처룩, 2014.

Altman, Rick, *Film / Genre*, London: British Film Institute, 1999.

Friedman, Lester et al., *An Introduction to Film Genres*, New York & London: W.W. Norton Company, 2014.

Grant, Barry Keith (ed.), *Film Genre Reader II*, Austin: University of Texas Press, 1995.

_____, *Film Genre: From Iconography to Ideology*, London & New York: Wallflower, 2007.

Klein, Amanda Ann, *American Film Cycles: Reframing Genres, Screening Social Problems, & Defining Subcultures*, Austin: University of Texas Press, 2011.

Neale, Steve, *Genre and Hollywood*, London & New York: Routledge, 2000.

Wallin, Zoë, *Classical Hollywood Film Cycles*, London & New York: Routledge, 2019.

개별 장르론

김진우, 『하이테크 시대의 SF 영화』, 한나래, 1995.

대중서사장르연구회, 『대중서사장르의 모든 것 1: 멜로드라마』, 이론과실천, 2007.

_____, 『대중서사장르의 모든 것 2: 역사허구물』, 이론과실천, 2009.

_____, 『대중서사장르의 모든 것 3: 추리물』, 이론과실천, 2011.

_____, 『대중서사장르의 모든 것 4: 코미디』, 이론과실천, 2013.

_____, 『대중서사장르의 모든 것 5: 환상물』, 이론과실천, 2016.

박영석, 『21세기 SF영화의 논점들』, 아모르문디, 2019.

박인성, 『이것은 유해한 장르다: 미스터리는 어떻게 힙한 장르가 되었나』, 나비
    클럽, 2024.

백문임, 『월하의 여곡성: 여귀로 읽는 한국 공포 영화사』, 책세상, 2008.

벤 싱어, 『멜로드라마와 모더니티』, 이위정 역, 문학동네, 2009.

부천국제판타스틱영화제 편, 『SF 영화』, 부천국제판타스틱영화제, 2015.

서곡숙, 『코미디영화의 이해』, 아모르문디, 2018.

스티브 닐 & 프랑크 크루트니크, 『세상의 모든 코미디』, 강현두 역, 커뮤니케이
    션북스, 2002.

알랜 실버 외 편, 『필름 느와르 리더』, 이현수 외 역, 본북스, 2011.

앨리슨 버틀러, 『여성영화: 경계를 가로지르는 스크린』, 김선아 외 역, 커뮤니케
    이션북스, 2011.

유지나 외, 『멜로드라마란 무엇인가』, 민음사, 1999.

윤성은, 『로맨스와 코미디가 만났을 때: 한국 로맨틱 코미디의 구조와 변형』, 이
    담Books, 2011.

정영권, 『적대와 동원의 문화정치: 한국 반공 영화의 제도화 1949~1968』, 소명
    출판, 2015.

제이슨 우드, 『로드무비 100』, 이찬복 역, 커뮤니케이션북스, 2011.

조해진, 『판타지영화와 문화콘텐츠 산업』, 새미, 2012.

존 머서 외, 『멜로드라마: 장르, 스타일, 감수성』, 변재란 역, 커뮤니케이션북스,
    2011.

폴 웰스, 『호러 영화: 매혹과 저항의 역사』, 손희정 역, 커뮤니케이션북스, 2011.

Leitch, Thomas, *Crime Films*, Cambridge: Cambridge University Press,
    2002.

Rubin, Martin, *Thrillers*, Cambridge: Cambridge University Press, 1999.

Shadoian, Jack, *Dreams and Dead Ends: The American Gangster Film*
    (2nd edition), Oxford & New York: Oxford University Press, 2003.